EDITORIAL

> **Liebe Leserin, lieber Leser,**

Berlin ist eine riesige Wundertüte: Partystadt Nummer eins in Europa, Hauptstadt, Museen-Mekka und vor allem – Schnäppchen-Stadt! Hier können Sie mit wenig Geld erstaunlich viel erleben. Ob ein Kaffee für 1 Euro, die Übernachtung für 12 Euro oder ein klassisches Konzert (Philharmonie) ganz umsonst – bei einem Aufenthalt in Berlin bleibt immer genügend übrig, um entweder noch ein bisschen länger zu bleiben als geplant oder mit vollem Portemonnaie wieder nach Hause zu fahren. Wo Sightseeing besonders günstig ist und Sie lecker essen gehen können, ohne dabei arm zu werden, haben wir auf den folgenden Seiten für Sie recherchiert. Eine kostenlose Stadtführung? Oder ein Berliner Pilsener für 1,90 Euro pro Glas (0,5 l)? Über 250 Adressen laden zum Sparen ein! Entdecken Sie im Marco Polo Low Budget die cleversten Angebote und gestalten Sie Ihren Aufenthalt so günstig wie möglich. Denn viel Geld ausgeben kann jeder – sparen ohne zu verzichten nicht.

Viel Spaß beim Entdecken!
wünscht Ihnen Ihr MARCO POLO Team

SYMBOLE:

 MARCO POLO INSIDER-TIPPS
Von unserer Autorin für Sie entdeckt

 KOSTENLOS
Hier zahlen Sie keinen Cent!

TOP 10	**DIE BESTEN LOW BUDGET INSIDER-TIPPS**	4
	START IN DIE STADT	6
TOP 10	**DIE BESTEN SEHENSWÜRDIGKEITEN**	16
	KULTUR & EVENTS	18
	MEHR ERLEBEN	36
	ESSEN & TRINKEN	52
	SHOPPEN	70
	NACHTLEBEN	84

INHALT

CLEVER!
Sparfüchse aufgepasst! Mit diesen Tipps und Tricks können Sie zusätzlich Geld sparen oder etwas Besonderes erleben

LUXUS LOW BUDGET
Edles echt günstig! Ob Hotel-Suite, Gourmet-Lunch oder Designer-Outfit. Gehen Sie mit uns auf Schnäppchenjagd

🛏	**SCHLAFEN**	100
👥	**MIT KINDERN**	120
🧭	**CITYATLAS BERLIN MIT STRASSENREGISTER**	132
ABC	**REGISTER**	167
✏	**IMPRESSUM**	171
48 h	**LOW BUDGET WEEKEND**	172
48 h	**LUXUS LOW BUDGET WEEKEND**	174
🚌	**BERLINER VERKEHRSVERBUND**	176

2 | 3

TOP 10

> Staunen und sparen: Toll, was Sie alles in Berlin für wenig Geld entdecken und erleben können. Hier die besten Adressen unserer Autorin auf einen Blick

Insider Tipp · DOWNSTAIRS IM FILMCAFÉ [145 D2]
Uriges kleines Programmkino mit günstigen Preisen in einem Keller am Prenzlauer Berg. Nach dem Film am Abend schmeckt im gemütlichen Gastraum der angeschlossenen Kneipe ein günstiges Bier. Der Hit ist zudem einmal im Monat der Frühstücks-Kinobrunch *(S. 33)*

Insider Tipp · HERTHA TRAINING 🐷 [160 C3]
Berlins Fußballmannschaft Nummer eins zeigt mehrmals wöchentlich, was sie drauf hat beim öffentlichen Training am Olympiastadion. Während sich die Profispieler die Hacken ablaufen, können Sie gemütlich vom Spielfeldrand zuschauen und der um den Aufstieg kämpfenden Mannschaft Mut machen *(S. 39)*

Insider Tipp · PHILHARMONIE [149 E4]
Kostenlose 🐷 Konzerte geben fast jeden Dienstagmittag die Berliner Philharmoniker und andere hochkarätige Orchester in Berlins renommierter Konzerthalle in der Nähe vom Potsdamer Platz. Günstig sind auch die Familienkonzerte mehrmals im Jahr *(S. 35)*

Insider Tipp · ALTERNATIVE BERLIN [139 F1]
Wo und wie leben eigentlich Berliner Kreative? Eine vier- bis fünfstündige Führung zu Streetart und -kultur führt Sie zu Künstlern und Szenevierteln der Stadt, u.a. nach Kreuzberg und Friedrichshain. Das kostet nur so viel, wie Sie spenden wollen *(S. 44)*

DIE BESTEN LOW BUDGET
INSIDER-TIPPS

Insider Tipp **MARKTHALLE MARHEINEKEPLATZ** [158 B3]

Unter dem Dach der renovierten Markthalle sind jede Menge günstige Imbissstände vereint. Von der leckeren Erbsensuppe bis zum Biosteak haben Sie satte Auswahl. Schöne Terrasse *(S. 57)*

Insider Tipp **SCHMUCK'S RESTAURATION** [151 D3]

Hervorragende Backhendl und andere österreichische Spezialitäten essen Sie zum kleinen Preis mittags in der Kantine ganz in der Nähe vom Bärenzwinger und vom Historischen Hafen *(S. 59)*

Insider Tipp **LA BOND – BERLIN** [144 B4]

Hübsche Röcke und Kleider aus Jersey und Wollstoffen zum Minipreis bei guter Qualität. Designerin Larissa Runge berät und ändert auf Wunsch gleich um *(S. 74)*

Insider Tipp **KUGELBAHN** [161 D2]

Cooler Szeneladen mit günstigen Getränken, Indie-Konzerten (z. T. kostenlos) und Kegelbahn im hippen Wedding *(S. 91)*

Insider Tipp **PFEFFERBETT** [144 C4]

So schick kann man selten in einer ehemaligen Brauerei übernachten. Dazu sind die Hostel-Preise mehr als korrekt, und die Doppelzimmer haben Hotelstandard. Der Frühstücksraum hat eine schöne Sonnenterrasse *(S. 109)*

Insider Tipp **BONBONMACHEREI** [150 B1]

Wie das duftet! Wer einmal zugeschaut hat, wie die kleinen, leckeren Drops entstehen, will gar nicht mehr weg und ist nicht nur vom Duft fasziniert. Zwischendurch gibt's für große und kleine Zuschauer warme Bonbon-Kostproben *(S. 129)*

> **Günstig mit Bahn, Bus oder Billigflieger nach Berlin: Willkommen in der Schnäppchen-Metropole**

Viele staunen, wenn Sie nach Berlin kommen: Fast alles scheint viel günstiger zu sein als zu Hause! Dass die Stadt an der Spree nicht nur deutscher Regierungssitz, sondern auch Schnäppchen-Hauptstadt ist, hat sich mittlerweile herumgesprochen. Doch wo ist es eigentlich besonders günstig? Und vor allem: Wie kommt man möglichst preiswert hin? Auf den folgenden Seiten erhalten Sie jede Menge Tipps und Adressen, wie eine Reise nach Berlin auch mit schmalem Geldbeutel erschwinglich wird. Suchen Sie sich etwa Mitfahrer für eine Autofahrt (S. 7) und teilen sich die Spritkosten, oder reisen Sie mit einem Sparticket der Bahn (S. 7) oder dem Fernbus (S. 10). In jedem Fall gilt: Wer früh bucht oder sich um Mitreisende kümmert, gibt weniger Geld aus. Dann kostet die Anfahrt vielleicht nur 9 Euro, und Sie haben jede Menge übrig für Ihren Einkaufsbummel oder das aufregende Berliner Nachtleben. Wir wünschen gute Reise!

ANFAHRT

AUTO

Sie fahren gerne selbst? Günstig nach Berlin kommen Autobesitzer, indem sie einfach jemanden mitnehmen. Wer jedoch seine Freunde oder Verwandte nicht zu einem Trip nach Berlin über-

START IN DIE STADT

reden kann, der muss keinesfalls alleine starten. Eine Mitfahrzentrale Ihres Vertrauens liefert Ihnen schnell und unkompliziert einen oder mehrere Mitfahrer. Große deutsche Onlineportale wie *www.mitfahrgelegenheit.de* oder *www.blablacar.de* bieten u.a. einen **Insider Tipp** Handy-Service an. Mit Hilfe der App kann man sogar noch unterwegs nach Mitfahrern oder Mitfahrgelegenheiten suchen. Tipp: Auf den Internetseiten von *www.mitfahrgelegenheit. de* werden auch günstige Plätze in Fernbussen verkauft. Wichtig für Autofahrer: Die Berliner Innenstadt gilt als Umweltzone und darf nur mit Plakette befahren werden. Unter *www.berlin.de/labo/kfz/dienstleistun gen/feinstaubplakette.php* können Sie diese online bestellen. Kosten: 6 Euro.

BAHN

Stündlich fährt die Deutsche Bahn Sie aus allen Teilen Deutschlands in die Hauptstadt. Wer früh bucht und werktags fährt, kann Schnäppchen ergattern, z.B. eine Hin- und Rückfahrt mit dem IC ab Frankfurt/Main für rund 58 Euro. Noch günstiger fahren Sie mit dem Schönes-Wochenende- oder dem Quer-durchs-Land-Ticket **Insider Tipp** in Nahverkehrszügen (langsam!). Für 40 bis 56 Euro fahren samstags oder sonntags bis zu fünf Personen durch ganz Deutschland nach Berlin. Werktags kostet der Spaß 46 Euro für eine Person, 54 Euro für zwei und 70 Euro für vier Fahrer. Für eine Reise von München nach Berlin mit dem Schönes-Wochenende-Ticket brauchen Sie allerdings neun Stunden und

START IN DIE STADT

müssen mehrmals umsteigen. In dieser Zeit kann man z. B. prima das Buch zu Ende lesen, das schon so lange auf dem Nachtisch lag. Sie suchen noch Mitfahrer, damit die lange Fahrt schön günstig wird und Sie nicht alleine fahren müssen? Geben Sie z. B. unter *www.blablacar.de* eine kostenlose 🐷 Anzeige auf, mit der Sie Weggefährten suchen. Eine Fahrt von Saarbrücken nach Berlin kostet Sie dann mit einem Schönes-Wochen-ende-Ticket pro Person nur ca. 11,20 Euro! Wer keinen ganz so weiten Anfahrtsweg hat, kann auch unter der Woche mit Ländertickets preiswert nach Berlin gelangen. Mit einem Sachsenticket *(Einzelticket 23 Euro plus 4 Euro für jeden weiteren Mitfahrer)* oder einem Brandenburg-Berlin-Ticket (29 Euro) können bis zu fünf Personen z. B. von Dresden nach Berlin fahren. Schon gewusst? Kinder unter 15 Jahren 🐷 fahren bei der Bahn kostenlos mit in Begleitung ihrer Eltern oder Großeltern, sie müssen jedoch im Ticket vermerkt werden. Wichtig: Tickets sind an Automaten (Bahnhof) oder online günstiger als am Fahrkartenschalter! *Tel. 0180/ 699 66 33 (20 ct./Min. aus dem dt. Festnetz)* | *www.bahn.de*

BUS

Billiger geht's nicht: Eine Fahrt mit dem Linienbus nach Berlin gibt es schon ab 9 Euro! In komfortablen Reisebussen verschiedener Busgesellschaften (u. a. *www.meinfernbus.de, www.berlinlinienbus.de*) fahren Sie z. B. ab Kassel in rund fünf Stunden nach Berlin. Das ist zwar nur halb so schnell wie mit dem ICE, dafür supergünstig, und man kommt dank Chauffeur und Bordservice (Kaffee!) entspannt an. Tipp: Billige Plätze in Linienbussen werden im Internet unter *www.fahrtenfuchs.de* angeboten, z. B. Kopenhagen–Berlin für 45 Euro! Auch regionale Busgesellschaften bieten sehr preiswerte Berlinfahrten in Kombination mit einem Hotelaufenthalt an. Häufig befinden sich diese Hotels allerdings am Stadtrand oder in weniger attraktiven Lagen. Achten Sie auf die Angebote in Ihrer Tages- oder Wochenzeitung.

FLÜGE

Sparfüchse wissen: Wer früh bucht, zahlt weniger. Aktionsangebote der Billigflug-Anbieter (z. B. *www.airber lin.de, www.easyjet.de, www.german wings.de*) unterbieten mitunter sogar die Bahnpreise. Hin- und Rückflüge

Bild: Größter Kreuzungsbahnhof Europas – der Berliner Hauptbahnhof

gibt es schon ab 60 Euro. Unter *www.billigflieger.de* werden Berlinbesuchern die günstigsten Flüge aufgelistet. Generell gilt: Wenn Sie nicht in den Schulferien oder an einem verlängerten Wochenende fliegen, wird die Reise preiswerter. Und auch die Jahreszeit spielt eine Rolle: Im Winter sind Berlinflüge erschwinglicher als zur Hauptsaison von Mai bis September.

ANKUNFT
BAHNHÖFE

Modern und mittendrin: Der Berliner Hauptbahnhof neben dem Regierungsviertel ist Europas größter Kreuzungsbahnhof. Sämtliche Fernzüge laufen hier ein, zusätzlich halten die meisten ICE und IC am Ostbahnhof sowie einige auch an den Regionalbahnhöfen Südkreuz, Gesundbrunnen und Spandau. Eine automatische Fahrplanauskunft bekommen Sie unter der kostenlosen Telefonnummer: *Tel. 0800/150 70 90*. Vom Hauptbahnhof fahren mehrere Busse sowie S-Bahnen und die U-Bahnlinie 55 zu Ihrer Unterkunft. Eine Welcomecard (S. 11), mit der Sie u. a. günstig Bahn und Bus fahren können, erhalten Sie in der Touristinformation im Erdgeschoss. Wenn die Unterkunft in der Nähe ist und Sie zu mehreren reisen, lohnt sich auch eine Kurzstrecke mit dem Taxi (S. 15).

BUSBAHNHOF

Mit dem Bus angereist? Dann geht es jetzt bequem weiter. Der Zentrale Omnibusbahnhof (ZOB) liegt ca. 4 km vom Bahnhof Zoo im Westen Charlottenburgs neben dem Messegelände am Funkturm. Von dort aus gelangt man mit der U 2 *(Kaiserdamm)* sowie den S-Bahnlinien S 41, 42, 45, 46 und 47 *(Messe Nord/ICC)* – umsteigen über Westkreuz! – oder dem Metrobus M 49 in zehn Minuten ins Zentrum. Einige Fernbusse halten auch am Alexanderplatz. Fahrplanauskünfte und Buchungen unter *Tel. 346 55 07 50* und *www.fahrtenfuchs.de*.

FLUGHÄFEN

Demnächst soll es nur noch einen geben: Der Flughafen Schönefeld (SXF) wird zum Hauptstadt-Airport (BER) Flughafen Berlin Brandenburg ausgebaut. Nach der für 2018 geplanten Eröffnung des Hauptstadt-Airports „Willy Brandt" soll der Flughafen Tegel (TXL) aufgegeben werden.

> *www.marcopolo.de/berlin*

START IN DIE STADT

Am günstigsten kommen Sie von beiden Flughäfen mit Bus und Bahn in die Innenstadt. Tickets gibt es an den Haltestellen. Wer Geld sparen möchte, besorgt sich im Flughafen Tegel am Fahrkartenautomaten oder bei der Touristeninformation am Gate 1 eine Welcomecard (s. u.) und kann sie gleich nutzen, um damit Bus und Bahn zu fahren. Mit den Bussen X 9 und 109 gelangt man in ca. 20 Minuten direkt zum Zentrum West am Bahnhof Zoo. Zum Zentrum im Ostteil der Stadt am Alexanderplatz (über Unter den Linden) fährt in ca. einer halben Stunde der Expressbus TXL. Von Schönefeld aus fährt die S-Bahnlinie 9 ins Zentrum der Stadt, zum Alexanderplatz dauert die Fahrt etwa 35 Minuten, zum Bahnhof Zoo ca. 50. Schneller geht es mit dem Airport-Express, einem Regionalzug, der halbstündlich vom Flughafen abfährt. Eine Taxifahrt von Tegel zum Bahnhof Zoo kostet ca. 20 Euro, zum Alexanderplatz ca. 25 Euro. Vom Flughafen Schönefeld ins Zentrum fährt Sie ein Taxifahrer für ca. 35 bis

CLEVER!

> *Rabattkarten bringen Sie günstig hin*

Wer mehrere Museen und Theater besuchen möchte und öfter in Bahnen und Busse steigt, spart mit der Citytourcard oder der Welcomecard (Preise jeweils für Tarifbereich AB): Für 17,40 Euro bzw. 19,50 Euro können Sie 48 Stunden sämtliche öffentlichen Berliner Verkehrsmittel nutzen und Museen, Theater und Opern günstiger besuchen. Für 72 Stunden kostet die Citytourcard 24,50 Euro, die Welcomecard 26,70 Euro. Wer fünf Tage bleibt, zahlt 31,90 Euro bzw. 34,50 Euro. Familien sparen mit der Welcomecard ABC, die auch in Potsdam gilt. Ein Erwachsener kann bis zu drei Kinder gratis mitnehmen (48 Std. 21,50 Euro, 72 Std. 28,70 Euro). Mit der Citytourcard erhält man für ca. 40 Museen und Attraktionen Vergünstigungen. Bei der Welcomecard sind es rund 200 Orte, die Rabatt geben. Die Karten erhalten Sie u. a. an Fahrscheinautomaten und online unter *www.berlin-welcomecard.de*, *www.citytourcard.com*.

40 Euro. Vielleicht haben andere Reisende dasselbe Ziel? Mit einer Fahrgemeinschaft kommen Sie bequemer und nur einen Tick teurer als mit dem öffentlichen Nahverkehr zu Ihrer Unterkunft.

TOURISTINFORMATIONEN
Hier werden (fast) alle Ihre Fragen beantwortet:
Hauptbahnhof | tgl. 8–22 Uhr | Eingang Europa-Platz
Neues Kranzler Eck | Mo–Sa 9.30–20 Uhr | Kurfürstendamm 21
Brandenburger Tor | tgl. 9.30–19, Nov.–März bis 18 Uhr | Pariser Platz
Flughafen Tegel | tgl. 8–21 Uhr | Terminal A, Gate 1
Informationen im Internet auf *www.visitberlin.de* und telefonisch unter *Tel. 25 00 25*. Informationen über Unterkünfte und Sightseeing finden Sie auch auf der offiziellen Webseite Berlins: *www.visitberlin.de.*

WOHIN ZUERST?
MIT DER RINGBAHN UMS ZENTRUM
Endlich da! Was gibt es jetzt Besseres, als sich erstmal einen Überblick zu verschaffen. Steigen Sie zum Beispiel am Bahnhof Gesundbrunnen (Wedding) in die Ringbahn S 41 oder S 42 und fahren Sie einmal um das Stadtzentrum herum (Fahrpreise S. 14). Unterwegs passieren Sie den Funkturm mit dem Messezentrum, die wilhelminischen Bauten des Weddings, den Volkspark Humboldthain mit seinem begrünten Flakbunker und die riesigen Plattenbausiedlungen Lichtenbergs. Innerhalb einer Stunde sehen Sie alle Facetten Berlins, vom Arbeiterbezirk Neukölln bis zu den Villen im Stadtteil Halensee. Wer mag, steigt unterwegs einfach mal aus und geht auf Erkundungstour, etwa im Treptower Park mit der Archenhold Sternwarte (S. 37) und dem Sowjeti-

> **Dos & Don'ts in Berlin**

Einzelfahrscheine des öffentlichen Nahverkehrs sind zwar zwei Stunden lang gültig. Um gebrauchte Tickets, die angeblich noch nicht abgelaufen sind, sollten Sie dennoch einen großen Bogen machen! Zwar werden Sie von Händlern auf fast jedem Bahnhof angeboten, aber die Stempelung ist für Laien nicht durchschaubar. Werden Sie mit einem falschen Fahrschein erwischt, gilt das als Schwarzfahrt, und Sie sind 40 Euro los!

Bild: Noch mindestens bis 2018 in Betrieb – der Flughafen Tegel

START IN DIE STADT

12 | 13

schen Ehrenmal oder an der Station Westend mit dem Schloss Charlottenburg (S. 17) in der Nähe. So lernen Sie Berlin auf einen Schlag kennen und die Berliner gleich mit. Denn natürlich fahren Sie nicht allein …

UNTERWEGS IN BERLIN
BAHN, BUS, TRAM

Am schnellsten und günstigsten kommen Sie in Berlin mit öffentlichen Verkehrsmitteln voran. U-Bahnen fahren werktags tagsüber fast auf allen Strecken im 5-Minuten-Takt, und die Züge passieren am Wochenende sogar nachts ca. alle 10 Minuten die U-Bahnhöfe der Innenstadt. Ein Einzelfahrschein (AB) kostet 2,70 Euro (4-Fahrten-Karte 9 Euro) und ist 2 Stunden lang gültig, mit Fahrtunterbrechungen, aber nur in eine Richtung! Eine Tageskarte (AB) kostet 6,90 Euro, eine Gruppenkarte (AB) für bis zu fünf Personen gibt es für 16,90 Euro *(BVG: Tel. 194 49 | www.bvg.de; S-Bahn: Tel. 297-433 33 | www.s-bahn-berlin.de)*. Wer auch viele Museen und Theater besuchen möchte, sollte sich eine Welcomecard oder eine Citytourcard besorgen (S. 11).

Insider Tipp

Die günstigen Fahrräder von Next-Bike parken auch am Brandenburger Tor

START IN DIE STADT

FAHRRAD

Sie möchten Berlin ohne Bahn oder Bus erkunden? Am billigsten gehen Sie natürlich zu Fuß, aber wem das zu langsam ist, der leiht sich am besten ein Fahrrad, denn in die Pedale treten kann man in Berlin fast überall. Pro Tag kostet die Ausleihe zwischen 8 und 15 Euro. Billiger wird es, wenn Sie das Rad gleich mehrere Tage mieten. Sehr günstig bietet die Firma Next-Bike Leihfahrräder an. Für nur 1 Euro pro Stunde oder 8 Euro pro Tag können Sie an vielen Orten der Stadt auf ein werbefinanziertes Next-Bike steigen. Einfach ein Fahrrad aussuchen und mit Ihrem Mobiltelefon die Kundenhotline *(Tel. 69 20 50 46)* anrufen. Nachdem Sie das Nummernkennzeichen angegeben haben, wird ein Zahlencode per SMS auf Ihr Handy versendet. Damit können Sie das Schloss öffnen und losfahren. Eine Liste aller Fahrradverleihe finden Sie unter *www.adfc-berlin.de/service/fahrradverleih.html*

INTERNET

Surfen können Sie in Berlin an vielen Orten umsonst. So gut wie alle Hostels, Pensionen und Hotels bieten eigene Rechner oder WLAN an. Selten kostet eine Stunde surfen dort mehr als 1 Euro, häufig ist es sogar kostenlos. An allen Fernbahnhöfen ist die erste halbe Stunde WLAN kostenlos. Auch die Berliner Stadtbibliotheken *(www.berlin.de/citybibliothek)* haben Internetplätze, Voraussetzung der Nutzung ist der Besitz eines Bibliotheksausweises. In der Senatsbibliothek *(Mo–Fr 9.30–16.30, Do bis 18 Uhr | Breite Str. 30–36, Ribbeck-Haus | U 2 Klosterstraße | Mitte)* kann man auch ohne Ausweis surfen. Mit eigenem Gerät geht man in den meisten Cafés kostenlos via WLAN online.

TAXI

Kurz und gut! Wenn Sie nur mal schnell „um die Ecke" müssen, sollten Sie den günstigen Kurzstreckentarif in Anspruch nehmen. Für 4 Euro kommen Sie mit einem auf der Straße angehaltenen Taxi 2 km weit. Achtung: Den Taxifahrer auf die Kurzstrecke hinweisen, damit er rechtzeitig anhält. Mit einer Fahrgemeinschaft wird auch eine längere Fahrt erschwinglich. Die Einstiegsgebühr kostet 3,40 Euro, die ersten Kilometer 1,79 Euro und ab dem siebten 1,28 Euro. Beim Bezahlen mit Kreditkarte wird eine Extragebühr (1,50 Euro) fällig.

TOP **10**

> **> Das sollten Sie nicht verpassen! Auch, wenn der eine oder andere Eintritt nicht immer den Geldbeutel schont: Diese Sehenswürdigkeiten gehören in Berlin einfach dazu**

1 BOTANISCHER GARTEN [160 C4]

Der größte Botanische Garten Europas beeindruckt auf rund 43 ha durch seine Pflanzenfülle und Gewächshäuser. Eines der Tropenhäuser ist 23 m hoch und 60 m lang und gehört zu den größten der Welt! *Eintritt 6 Euro | tgl. 9.30–17 Uhr (im Sommer länger) | Eingänge Unter den Eichen u. Königin-Luise-Straße | Tel. 83 85 01 00 | www.bgbm.org | S 1 Botanischer Garten | Steglitz*

2 BRANDENBURGER TOR [149 F3]

Das 1791 eingeweihte Wahrzeichen (Architekt: Carl Gotthard Langhans) verbindet heute den Westen mit dem Osten der Stadt. Die berühmte Quadriga auf dem Torbogen wurde 1806 von Napoleon nach Paris entführt und acht Jahre später wieder zurückerobert. Zu Mauerzeiten stand das 20 m hohe Tor direkt im Grenzstreifen und war nicht passierbar. *U-/S-Bahn Brandenburger Tor | Tiergarten*

3 FERNSEHTURM [139 F1]

In 203 m Höhe haben Sie auf der verglasten Aussichtsplattform einen prima Blick über die Stadt. Dank eines SMS-Terminsystems müssen Sie am Eingang nicht Schlange stehen. Sie werden benachrichtigt, wenn Sie an der Reihe sind, den schnellen Lift nach oben zu besteigen. *Eintritt 13 Euro | tgl. Nov.–Feb. 10–24, März–Okt. 9–24 Uhr | Panoramastr. 1 a | www.tv-turm.de | U-/S-Bahn Alexanderplatz | Mitte*

4 GENDARMENMARKT [139 D4]

Am schönsten Platz der Stadt prunken der Französische Dom (S. 40) und der Deutsche Dom (S. 21) sowie das Konzerthaus Berlin, das ursprünglich als Schauspielhaus diente und 1818–21 nach Plänen des berühmten Berliner Baumeisters Karl Friedrich Schinkel erbaut wurde. Auf dem Gendarmenmarkt findet der schönste Weihnachtsmarkt Berlins statt. *U 2, 6 Stadtmitte | Mitte*

DIE BESTEN
SEHENSWÜRDIGKEITEN

⭐ JÜDISCHES MUSEUM [158 B1]
Allein der von Stararchitekt Daniel Liebeskind entworfene Museumsbau schlägt einen in Bann durch seine bizarre Form. Drinnen wird die Geschichte der Juden in Europa eindrücklich vor Augen geführt. *Eintritt 8 Euro | Mo 10–22, Di-So 10–20 Uhr | Lindenstr. 9–14 | Tel. 25 99 33 00 | www.jmberlin.de | U 6 Hallesches Tor | Kreuzberg*

⭐ MUSEUMSINSEL [150 B2]
Beeindruckender Komplex aus fünf riesigen Museen: Bode-, Pergamonmuseum, Neues Museum, Altes Museum und Alte Nationalgalerie. Dieses Ensemble ist weltweit einmalig, weshalb es von der UNESCO offiziell zum Weltkulturerbe erklärt wurde (S. 25)

⭐ REGIERUNGS-
VIERTEL [149 E–F2]
Hier kommen Sie Deutschlands Politik ganz nah: Im von Schulte und Frank entworfenen „Band des Bundes" wird seit 1999 regiert. Von der Kuppel des Reichstages haben Sie einen tollen Blick über die Stadt. *U 55 Bundestag | Tiergarten*

⭐ SCHLOSS
CHARLOTTENBURG [146–147 C–D2]
Sophie Charlottes Sommersitz: Herrschaftliche Pracht des 18. Jh. mit wunderschönem Schlosspark und Mausoleum. *Eintritt 12 Euro (Altes Schloss), 6 Euro (Neuer Flügel) | Nov.–März Di-So 10–17, April-Okt. Di-So 10–18 Uhr | Spandauer Damm | Tel. 32 09 11 | www.spsg.de | S 41, 42 Westend | Charlottenburg*

⭐ SCHLOSS SANSSOUCI [160 B4]
Potsdams Schlossensemble begeistert mit Orangerie, Chinesischem Teehaus, Skulpturen und Fontänen. *Eintritt 12 Euro, erm. 8 Euro, Schlosspark Eintritt frei | Nov.–März Di-So 10–17, April-Okt. Di-So 10–18 Uhr | Maulbeerallee | Tel. 0331/969 42 00 | www.spsg.de | S 7 Potsdam | Potsdam*

⭐ SONY CENTER [149 E–F4]
Die von Stararchitekt Helmut Jahn entworfene Zeltdachkonstruktion gilt als modernes Wahrzeichen Berlins mit Kinos und Restaurants. *Potsdamer Platz | U-/S-Bahn Potsdamer Platz | Tiergarten*

> Berlin ist Europas Hauptstadt der Kultur. So viele Theater, Opernhäuser, Kinos, Museen und Galerien gibt es sonst nirgends, und das mitunter bei freiem oder geringem Eintritt

Gute Unterhaltung muss nicht teuer sein, und wer wertvolle Bilder etwa in der Gemäldegalerie (S. 22) einmal aus der Nähe betrachten will, kann das mithilfe von Rabattkarten (S. 11) wesentlich günstiger als normalerweise. Auch der Besuch einer Oper hängt auf keinen Fall vom Geldbeutel ab. Neben den großen Häusern bieten kleine Privattheater oder die zwei Berliner Kunsthochschulen (S. 35) erstklassige Aufführungen auf hohem Niveau. Für kleines Geld bietet etwa auch das Programmkino Downstairs (S. 33) gute Unterhaltung. Mit über 400 Galerien ist Berlin derzeit die Kunstmetropole Nummer Eins weltweit, und das Beste daran: So gut wie alle Galerien können Sie gratis besuchen! Eine Auswahl der wichtigsten Galerien gibt Ihnen auf den folgenden Seiten einen Einblick in die aktuelle Kunstszene. Wo Sie günstige Eintrittskarten bekommen oder ein Gratiskonzert stattfindet, erfahren Sie ebenfalls in diesem Kapitel. Spontanbesucher von Theater- oder Konzertvorstellungen etwa haben große Chancen, Tickets am selben Tag für die Hälfte zu kau-

KULTUR & EVENTS

fen, zum Beispiel beim Eintrittskartenvertrieb Hekticket (S. 29). Und wer nicht älter als 30 Jahre alt ist, kann mit der Classiccard (S. 24) sogar noch mehr sparen. Lernen Sie Entwürfe bekannter Architekten (s. u.) kennen, hören Sie die berühmten Philharmoniker bei einem Lunchkonzert (S. 35), oder besichtigen Sie eine Plattenbauwohnung mit DDR-Möbeln (S. 26). Das alles für null Euro. So haben Sie am Ende des Tages viel erlebt und wenig ausgegeben. Viel Vergnügen!

GALERIEN & MUSEEN

AEDES ARC 🐷 [144 B4]

Ideen und Entwürfe berühmter Architekten entdecken: Die bekannte Galerie für Architektur präsentiert in ihren 300 m² großen Räumen auf dem Gelände der ehemaligen Brauerei Pfeffer, welche Bedingungen und Hintergründe das Design eines Hauses beeinflussen und welche Ziele berühmte Architekten verfolgen. Im integrierten Studio werden u. a. Forschungs- und Nachwuchsarbeiten gezeigt. *Eintritt frei | Di–Fr 11–18.30, Sa, So 13–17 Uhr | Christinenstr. 18–19 | Tel. 282 70 15 | www.aedes-arc.de | U 2 Senefelderplatz | Prenzlauer Berg*

ALLIIERTENMUSEUM 🐷 [160 C4]

Die Militärangestellten der Alliierten prägten bis zur Wende nachhaltig das Geschehen in der Stadt. Eine Ausstellung dokumentiert anhand von Jeeps, Wachhäuschen, Uniformen und Fotos Leben und Wirken von Briten, Franzosen und Amerikanern vom Einmarsch in Berlin bis zum Abzug 1994. Der „Rosinenbomber" auf dem Freigelände dient im Sommer sonntags als Kino. Gezeigt wird historisches Filmmaterial. *Eintritt frei | Di–So 10–18 Uhr | Clayallee 135 | Tel. 818 19 90 | www.alliiertenmuseum.de | U 3 Oskar-Helene-Heim | Zehlendorf*

BLAIN/SOUTHERN [149 E5]

Licht- und Schatten-Installationen von Tim Noble und Sue Webster oder mystische Arbeiten von Jonas Burgert – die britischen Galeristen Harry Blain und Graham Southern bieten spektakuläre moderne Kunst im ehemaligen Verlagshaus des Tagesspiegels. Bei manchem Kunstwerk läuft Ihnen garantiert ein Schauer über den Rücken – so gespenstisch ist die Atmosphäre. *Eintritt frei | Di–Sa 11–18 Uhr | Potsdamer Str. 77–87 | Tel. 644 93 15 10 | www.blainsouthern.com | U 1, 2 Kurfürstenstraße | Tiergarten*

CAMERA WORK [136 C3]

Die Stars der Fotokunst in lichtem Loft-Ambiente, und das gratis! Werke von Helmut Newton oder Peter Lindbergh, aber auch aktuelle Top-Fotografen wie Jean-Baptiste Huynh, Russel James oder Bettina Rheims werden in wechselnden Ausstellungen gezeigt. *Eintritt frei | Di–Sa 11–18 Uhr | Kantstr. 149 | Tel. 310 07 73 | www.camerawork.de | S 3, 5, 7, 75 Savignyplatz | Charlottenburg*

CONTEMPORARY FINE ARTS [139 D2]

Der Neubau gegenüber der Museumsinsel ist auch architektonisch ein Augenschmaus. Drinnen können Sie Kunst von bekannten Malern wie Daniel Richter, Jonathan Meese, Marc Brandenburg oder Georg Base-

---

CLEVER!
> Günstiger ins Museum

Wer sich möglichst viele Ausstellungen anschauen möchte, sollte sich den Berliner Museumspass 3-Tage-Karte kaufen, mit dem man für 24 Euro (für Schüler und Studenten 12 Euro) an drei aufeinanderfolgenden Tagen Berlins Museumslandschaft erkunden kann. Das Ticket bietet freien Zutritt zu insgesamt über 50 Museen. Es ist in den Museen, Touristinformationen oder auch online erhältlich. *www.museumsportal-berlin.de*

> *www.marcopolo.de/berlin*

KULTUR & EVENTS

litz sehen. *Eintritt je nach Ausstellung 0–3 Euro | Di–Sa 10–18 Uhr | Am Kupfergraben 10 | Tel. 288 78 70 | www.cfa-berlin.de | S 3,5, 7, 75 Hackescher Markt | Mitte*

DAIMLER KUNSTSAMMLUNG [149 F4]

Rund 1800 Arbeiten von 600 Künstlern umfasst die Kunstsammlung des berühmten Autobauers. Eine Auswahl davon können Sie am Potsdamer Platz gratis bewundern. Jeff Koons Balloonflower etwa ziert den Platz vor dem Musicaltheater. Ein paar Schritte entfernt davon werden u. a. Werke von Oskar Schlemmer, Max Bill, Auke de Vries, Andy Warhol, Georg Winter und Walter de Maria in wechselnden Ausstellungen gezeigt. *Eintritt frei | tgl. 11–18 Uhr | Alte Potsdamer Str. 5 | Tel. 25 94 14 20 | www.sammlung.daimler.com | U-/S-Bahn Potsdamer Platz | Tiergarten*

DEUTSCHER DOM [139 D4]

Highlight sind hier die täglich um 14 Uhr stattfindenden Dokumentarfilmvorführungen, u. a. über das Berlin der 1920er-Jahre und Berlin im Bombenhagel. Die Dauerausstellung „Wege, Irrwege, Umwege. Die Entwicklung der parlamentarischen De-

Wertvolle Kollektion des Autoherstellers: die Daimler Kunstsammlung

mokratie in Deutschland" des Deutschen Bundestags ist im Deutschen Dom auf fünf Etagen verteilt (mit Fahrstuhl). Sie befand sich vor der Wende im Reichstag (S. 40). Auch die Architektur des ehemaligen Kirchenbaus am Gendarmenmarkt (S. 16) aus dem 18. Jh. lohnt einen Besuch. Zwischen 11 und 17 Uhr wird alle 30 Minuten eine halbstündige Führung angeboten, außerdem ist das Ausleihen von Audioguides gratis. *Eintritt frei | Di–So 10–18 Uhr | Gendarmenmarkt 1 | Tel. 22 73 04 31 | www.bundestag.de | U 2, 6 Stadtmitte | Mitte*

DEUTSCH-RUSSISCHES MUSEUM KARLSHORST [161 E3]

Die Schrecken des Krieges und der lange Weg zur Versöhnung zwischen Deutschen und Russen liegen noch nicht weit zurück. Der Alltag von Soldaten an der Front, aber auch die Zeit der Besatzung durch die Sowjets sind Themen in ausgestellten Dokumenten, Waffen, Orden, etc. Das Museum entstand 1991 nach dem Abzug der russischen Armee aus den östlichen Teilen Deutschlands. *Eintritt frei | Di–So 10–18 Uhr | Zwieseler Str. 4 | Tel. 50 15 08 10 | www.museum-karlshorst.de | S 3 Karlshorst | Karlshorst*

GALERIE EIGEN + ART [150 B1]

Der berühmte Maler Neo Rauch ist der Star dieser kleinen Galerie, die noch weitere Maler des Neo-Surrealismus und der berühmten Leipziger Schule vertritt. Bei Ausstellungseröffnungen sind die Künstler in der Regel selbst anwesend. *Eintritt frei | Di–Sa 11–18 Uhr | Auguststr. 26 | Tel. 280 66 05 | www.eigen-art.com | S 1, 2, 25 Oranienburger Straße | Mitte*

GEMÄLDEGALERIE [149 E4]

Neben dem berühmten Bild „Der Mann mit dem Goldhelm" aus Rembrandts Schule ist hier eine einzigartige Sammlung europäischer Malerei des 13. bis 18. Jh. versammelt, 1400 Gemälde verteilt auf 72 Säle und Kabinette! Ebenfalls Publikumsmagneten sind die Bilder von van Eyck, Bruegel, Dürer, Raffael, Tizian, Caravaggio, Rubens und Vermeer. *Eintritt 10 Euro, erm. 5 Euro (online 9 bzw. 4,50 Euro), noch günstiger mit der Welcomecard (S. 11) oder dem Museumspass 3-Tage-Karte (S. 20) | Di, Mi, Fr 10–18, Do 10–20, Sa, So 11–18 Uhr | Matthäikirchplatz | Tel. 266 42 42 42 | www.gemaeldegalerie-berlin.de | U-/S-Bahn Potsdamer Platz | Tiergarten*

Bild: Im Deutschen Dom werden kostenlos Dokumentarfilme gezeigt

KULTUR & EVENTS

22 | 23

KUNSTFORUM BERLINER VOLKSBANK [137 E3]

Kunst für die ganze Familie! Das neu renovierte Forum gegenüber vom Berliner Aquarium ist bekannt für außergewöhnliche Retrospektiven und Themen, z. B. Plakatkunst der letzten 100 Jahre. Werke von Künstlern wie HAP Grieshaber und Werner Tübke werden gezeigt, begleitet von einem Workshop-Programm für Kinder und Jugendliche sowie Malwettbewerben. *Eintritt 5 Euro, erm. 4 Euro | während aktueller Ausstellungen tgl. 10–18 Uhr, kostenlose Führung So 11 Uhr | Budapester Str. 35 | Tel. 30 63 17 44 | www.kunstforum-berliner-volksbank.de | U 1, 2 Wittenbergplatz | Charlottenburg*

KUNSTRAUM IM DEUTSCHEN BUNDESTAG [138 B2]

Im Seitenflügel des Schadow-Hauses werden in wechselnden Ausstellungen die Schätze der Kunstsammlung des Deutschen Bundestags gezeigt. Videoinstallationen und Malerei werden in Workshops näher gebracht. *Eintritt frei | Di–So 11–17 Uhr | Schadowstr. 12–13 | Tel. 22 73 20 27 |*

CLEVER!
> *Kulturpaket hilft sparen*

Wer sich öfter in Berlin aufhält und gerne mehrere Konzerte und Theatervorstellungen besuchen möchte, fährt preislich gut mit dem Kulturpaket. Unter *www.lustaufkultur.de* können Sie etwa die Berliner Mischung (z. B. Staatsoper, Deutsches Theater, Renaissance Theater, Maxim Gorki Theater) ab 112 Euro (erm. 94 Euro) buchen oder vier Konzertabende (u. a. in der Philharmonie) für 130 (erm. 112) Euro. Das sind bis zu 40 Prozent Rabatt! Enthalten ist eine Kulturkarte, die sie ein Jahr lang zum weiteren günstigen Ticketkauf berechtigt. Einfach an der Abendkasse vorzeigen oder beim Ticketvertrieb Freie Volksbühne die gewünschten Karten vorbestellen *(Infos unter Tel. 86 00 93 51)*. Für junge Leute unter 30 Jahren ist der Kauf einer Classiccard sinnvoll. Sie kostet einmalig 15 Euro und gewährt ein ganzes Jahr lang einen Festpreis von 8 Euro für Konzerte bzw. 10 Euro für Oper und Ballett *(www.classiccard.de)*.

> **www.marcopolo.de/berlin**

KULTUR & EVENTS

www.kunst-im-bundestag.de | U-/S-Bahn Brandenburger Tor | Mitte

KUNSTRAUM KREUZBERG/ BETHANIEN 🐖 [151 E5]

Die Kreuzberger Kunsträume in einem ehemaligen, 1847 erbauten Krankenhaus locken nicht nur mit freiem Eintritt, sondern auch mit interessanten Themenausstellungen, z. B. Essen und Landwirtschaft in der zeitgenössischen Kunst. Diskussionen, Filme und Künstlergespräche ergänzen die Ausstellungen. *Eintritt frei | tgl. 12–19 Uhr | Mariannenplatz 2 | Tel. 902 98 14 55 | www.kunstraumkreuzberg. de | U 1, 8 Kottbusser Tor | Kreuzberg*

MÄRKISCHES MUSEUM [151 D3]

Jeden ersten Mittwoch im Monat können Sie bei 🐖 freiem Eintritt in die Berliner Geschichte eintauchen. Das Museum ist auch architektonisch interessant: In dem rund 100 Jahre alten Bau mit Gewölben und einem neugotischen Backsteinfirst fühlen Sie sich wie in einer Mittelalterburg. Hier steht u. a. die älteste Anklagebank Berlins, sie ist fast 1000 Jahre alt. *Eintritt 5 Euro, erm. 3 Euro, bis 18 Jahre u. 1. Mi im Monat frei | Di–So 10–18 Uhr | Am Köllnischen*

Park 5 | Tel. 24 00 21 62 | www. stadtmuseum.de | U 2 Märkisches Museum | Mitte

MUSEUM DER UNERHÖRTEN DINGE 🐖 [157 D4]

Eine kuriose Sammlung von Fundstücken – etwa das Fell eines Bonsai-Hirsches, Schrauben eines Flugzeugabsturzes oder weißer Rotwein aus Italien sowie der rote Faden, der durch's Leben führt – bringt in diesem kleinen Museum zum Lachen und Nachdenken. *Eintritt frei | Mi–Fr 15–19 Uhr | Crellestr. 5–6 | Tel. 781 49 32 | www.museumderuner hoertendinge.de | S 2, 25 Julius-Leber-Brücke | Schöneberg*

MUSEUMSINSEL [139 D1–2]

Pergamonmuseum, Bode-, Altes und Neues Museum sowie die Alte Nationalgalerie können Sie unmöglich an einem einzigen Tag anschauen. Günstig ist daher der Kauf eines Kombitickets, u. a. die Welcomecard (S. 11) oder der Museumspass 3-Tage-Karte (S. 20). 🐖 Für Kinder und Jugendliche bis 18 Jahren ist der Eintritt frei. Eines der größten Museumszentren der Welt bietet sensationelle Einblicke in Bildhauerei, Malerei und Geschichte vieler tausend Jahre. Entstanden sind die Bauten der Museumsinsel im 19./20. Jh., das Pergamonmuseum wurde erst 1930 eröffnet. Dort befinden sich das Markttor von Milet und die Prozessionsstraße von Babylon sowie der namengebende Pergamonaltar, der allerdings bis ca. 2019 geschlossen ist. Im Bodemuseum können Sie z. B. Holzschnitzereien von Tilman Riemenschneider bewundern, und im Neuen Museum ist u. a. die ägyptische Sammlung mit der berühmten Büste der Königin Nofretete ein Highlight. Werke des Romantikers Caspar David Friedrich sowie zahlreiche Impressionisten, etwa Monet und Renoir, ziehen in der Alten Nationalgalerie in Bann. *Tageskarte Museumsinsel 18 Euro, erm. 9 Euro | Pergamonmuseum, Neues Museum tgl. 10–18, Do bis 20 Uhr, Bodemuseum, Alte Nationalgalerie, Altes Museum Di–So 10–18, Do bis 20 Uhr | Bodestr. 1–3 | Tel. 20 90 56 01 | www.smb.museum | S-Bahn Hackescher Markt | Mitte*

Insider Tipp **MUSEUMSWOHNUNG HELLERSDORF** [161 E3]

Wie eine durchschnittliche DDR-Familie wohnte, können Sie sonntags im Hellersdorfer Plattenbau besichtigen. Dort ist eine 3-Raumwohnung vom original Zahnputzbecher bis zur Schrankwand mit echten Einrichtungsgegenständen noch aus sozialistischer Produktion eingerichtet. Die Aufsicht erklärt DDR-Alltagskultur anhand eigener Erfahrungen und eines Dokumentarfilms. *Eintritt frei | So 14–16 Uhr u. n. Vereinbarung | Hellersdorfer Str. 179 | Tel. 0151/16 11 44 40 | U 5 Cottbusser Platz | Hellersdorf*

RAMONES MUSEUM [150 B1]

Ein Ort für Fans der US-amerikanischen Punkrockband Ramones, aber auch ein sehr gemütliches Café. Wer sich die Ausstellung für wenig Eintritt anschaut, erfährt eine Menge über die Begründer des Punk. Auch Fanartikel aus den letzten Jahrzehnten gibt es hier und viele Fotos von Konzerten und natürlich Portraits von John Cummings an der Gitarre, Douglas Colvin (Bass und Gesang) und Sänger Jeffrey Hyman sowie den verschiedenen Schlagzeugern. *Eintritt 3 Euro | tgl. 10–22 Uhr | Krausnickstr. 23 | Tel. 75 52 88 90 | www.ramonesmuseum.com | S 3, 5, 75 Hackescher Markt | Mitte*

> www.marcopolo.de/berlin

KULTUR & EVENTS

WILLY-BRANDT-HAUS 🐷 **[158 A1]**
Allein die Architektur der SPD-Zentrale (Helge Bofinger) und die Brandt-Skulptur von Rainer Fetting sind einen Besuch wert. Drinnen gibt es kostenlose Kunstausstellungen, Läden und Lesungen sowie ein Bistro mit günstigem Mittagstisch. *Eintritt frei (Ausweis nötig) | Di–So 9–18, Ausstellungen Di–So 12–18 Uhr, Führungen siehe Internet | Wilhelmstr. 140 | Tel. 25 99 37 00 | www.willy-brandt-haus. de | U1 Hallesches Tor | Kreuzberg*

GEDENKSTÄTTEN
GEDENKSTÄTTE BERLINER MAUER 🐷 [144 A3–4]
Geschichte hautnah: Hier finden Sie Berlins letztes Stück Mauer mit Minengürtel und Wachturm. Interessant ist auch die Ausstellung u. a. mit Originaltönen von Politikern und historischem Filmmaterial. Die Kapelle auf dem ehemaligen Mauerstreifen steht auf den Resten der 1985 gesprengten Versöhnungskirche und wurde aus deren Steinen errichtet *(Andachten für die Maueropfer Mo–Fr 12 Uhr).* Infosäulen geben Auskunft über die Mauerflüchtlinge. Aussichtsplattform mit prima Sicht über das Gelände! *Eintritt frei | Di–So April–Okt. 9.30–19 Uhr, Nov.–März 10–18 Uhr, Außengelände immer offen | Bernauer Str. 111 | Tel. 467 98 66 66 | www.berliner-mauer-gedenkstaette. de | S 1, 2, 25 Nordbahnhof | Wedding*

GEDENKSTÄTTE HOHENSCHÖNHAUSEN [161 E3]
Hohe Mauern, Stacheldraht, Wachtürme: Wie das Leben im Stasigefängnis Hohenschönhausen im Norden Berlins aussah, zeigt eine Ausstellung im Informationszentrum mit Dokumenten und Gegenständen aus dem Gefängnisalltag. Erschütternd und beeindruckend: Ehemalige Stasigefangene berichten von Einzelhaft sowie Verhörmethoden und führen durch das Gefängnis. *Eintritt mit Führung 5 Euro, erm. 2,50 Euro | Mo–Fr Führungen 11, 13, 15, März–Okt. auch 12, 14, Sa, So 10–16 Uhr stdl. | Genslerstr. 66 | Tel. 98 60 82 30 | www. stiftung-hsh.de | Tram M 5 Freienwalder Straße | Hohenschönhausen*

GEDENKSTÄTTE STILLE HELDEN 🐷 [139 E1] *Insider Tipp*
Wer Juden versteckte während der Hitler-Diktatur begab sich selbst in Todesgefahr, dennoch hatten Familien den Mut, jüdische Nachbarn, Be-

kannte und Verwandte aufzunehmen. Die Gedenkstätte erinnert an diese Mutigen mit vielen Fotos und der Schilderung von Biografien. Moderne Medien lassen die Menschen lebendig werden. *Eintritt frei | tgl. 10–20 Uhr | Rosenthaler Str. 39 | Tel. 23 45 79 29 | www.gedenkstaette-stille-helden.de | S-Bahn Hackescher Markt | Mitte*

HAUS DER WANNSEE-KONFERENZ [außerhalb]

Die „Besprechung über die Endlösung der Judenfrage" besiegelte hier am 20. Januar 1942 den Mord an Millionen Juden. Die Gedenk- und Bildungsstätte dokumentiert die politischen und gesellschaftlichen Hintergründe des Rassenwahns und der Judenverfolgung, die seit 1933 im Gange war. *Eintritt frei | tgl. 10–18 Uhr, kostenlose Führungen Sa, So 16 und 17 Uhr | Am Großen Wannsee 56–58 | Tel. 805 00 10 | www.ghwk.de | S 1, 7 Wannsee, dann Bus 114 Haus der Wannseekonferenz | Wannsee*

HOLOCAUST-MAHNMAL [138 A–B3]

Offiziell heißt die Gedenkstätte „Denkmal für die ermordeten Juden Europas" und symbolisiert die aussichtslose Lage der Juden während der Nazizeit. Der Entwurf zu dem labyrinthartigen Feld mit bis zu 3 m hohen Stelen stammt von Peter Eisenman. Beim Passieren der Stelen stellt sich ein beklemmendes Gefühl ein. Im Untergeschoss befindet sich eine Ausstellung über Konzentrationslager und die Schicksale jüdischer Mitbürger. *Eintritt frei | das Stelenfeld ist jederzeit zugänglich | Info-Zentrum Di–So April–Sept. 10–20 (letzter Einlass 19.15 Uhr), Okt.–März 10–19 (letzter Einlass 18.15 Uhr) | Cora-Berliner-Str. 1 | Tel. 200 76 60 | www.holocaust-mahnmal.de | U-/S-Bahn Brandenburger Tor | Mitte*

KLEINKUNST & THEATER

BALLHAUS OST [145 D2]

Zeitgenössische Dramen mit eigensinnigen Mitteln aufgetischt – das ist die Spezialität dieses Theaters in Prenzlauer Berg. Die Puppenbühne für Erwachsene „Das Helmi" tritt hier mit ihren schrägen Figuren auf. Performances, Lesungen, Filmabende und Konzerte runden das Konzept, ein Haus für alle Künste zu sein, ab. *Eintritt 8–15 Euro | Pappelallee 15 | Tel. 44 04 92 50 | www.ballhausost.de | U 2 Eberswalder Straße | Prenzlauer Berg*

> www.marcopolo.de/berlin

KULTUR & EVENTS

BAT-STUDIOTHEATER [145 D4]
Studenten der renommierten Hochschule für Schauspielkunst Ernst Busch spielen hier Stücke von Gogol bis Kroetz, und das für wenig Eintritt. Lassen Sie sich überraschen, was talentierte Regisseure aus den Dramenvorlagen herausarbeiten. Sie können sicher sein: Jede Aufführung ist anders und sprühend vor Energie und Schauspiellust! Unbedingt vorher Karten reservieren, da das Theater nur 115 Sitzplätze hat. *Eintritt 5–10 Euro | Belforter Str. 15 | Tel. 75 54 17-777 | www.bat-berlin.de | U 2 Senefelderplatz | Prenzlauer Berg*

FABRIKTHEATER [143 E5] *Insider Tipp*
Off-Bühne in der Kulturfabrik Moabit: Junge Theaterdramaturgen und -regisseure bringen ihre Stücke auf die Bühne, Pianisten geben Improvisationskonzerte und jeden 19. im Monat beurteilen Zuschauer beim 🐷 Open Stage (Eintritt frei), ob angehende Profitänzer, -musiker oder -schauspieler Talent haben. *Eintritt 0–12 Euro | Lehrter Str. 35 | Tel. 0176/49 35 06 44 | www.fabrikthea*

CLEVER!

> *Kartenschnäppchen*

Bevor Sie den Besuch von Theatern, Museen oder Konzertsälen planen, sollten Sie schauen, ob der Last-Minute-Ticketverkauf **Hekticket** *(www.hekticket.de)* Schnäppchen-Eintrittskarten bietet. Die Berliner Filiale des Wachsfigurenkabinetts Madame Tussauds *(tgl. 10-19 Uhr | Unter den Linden 74 | www.madametussauds.com/berlin | U-/S-Bahn Brandenburger Tor | Mitte* [138 B3]*)* können Sie z.B. mit einem Online-Ticket schon ab 13,50 Euro besuchen, statt zum regulären Preis von 22,95 Euro. Auch Opern- oder Kabarettkarten sind oft günstiger. Angeboten werden tagesaktuelle Billigtickets im Internet sowie an den Verkaufsschaltern *(Hardenbergstr. 29d | Tel. 230 99 30 | U-/S-Bahn Zoologischer Garten | Charlottenburg* [137 D3] *u. am Berlin-Caree | Karl-Liebknechtstr. 12 | U-/S-Bahn Alexanderplatz | Mitte* [139 F1]*)*. Natürlich ist das Angebot an Last-Minute-Tickets an Werktagen wesentlich größer als am Wochenende.

28 | 29

ter-moabit.de | U-/S-Bahn Hauptbahnhof | Moabit

FREI.WILD
Beim Improvisationstheater dürfen Sie während der Vorführung so richtig dazwischen quatschen, und die Schauspieler machen sogar, was Sie sagen! Die Handlung bestimmen nämlich die Zuschauer, und die Darsteller spielen aus dem Stehgreif gekonnt die passenden Szenen. Die Spielorte wechseln, daher im Internet oder telefonisch nach den Aufführungen erkundigen. Es gibt auch Theater-Workshops. *Eintritt 9–13 Euro | Tel. 852 39 95 | www.frei-wild-berlin.de*

HAUS DER SINNE [144 C1]
Beim Ganovenball geben sich die Gangster gegenseitig ein Bier aus, an Tangoabenden rückt der Rotwein in den Vordergrund. Das Kulturzentrum beeindruckt mit Programmvielfalt bei geringem Eintritt. Kostenlos ist am letzten Sonntag im Monat das 🐷 „Open-Mic". Jeder kann seine Songs vorspielen, singen oder zuhören. *Eintritt 0–15 Euro | Ystader Str. 10 | Tel. 44 04 91 55 | www.hausdersinneberlin.de | U-/S-Bahn Schönhauser Allee | Prenzlauer Berg*

LAIKA [161 D4]
Amüsement auf Neuköllner Art: 🐷 Open-Stage-Abende, Improvisationstheater und sogenannter dicht-it-Slam – Lyrik-Performance im Wettbewerb – sowie Jamsessions sorgen in der schummrigen Kneipe für Abwechslung. Hier dürfen Sie auch ruhig ein Glas mehr trinken, denn die Preise sind moderat (z. B. Becks 0,5 l 2,50 Euro). *Eintritt 0–5 Euro | Mo–Do ab 19, Fr–So ab 15 Uhr | Emser Str. 131 | www.laika-neukoelln.de | U-/S-Bahn Neukölln | Neukölln*

NEUKÖLLNER OPER [161 D3]
Spektakel im Café! Montags geben Schauspieler der Neuköllner Oper eine 🐷 Gratisvorstellung im Café Hofperle, das sich im selben Haus befindet. Sie entwickeln kleine Dramen und singen. Das alles für eine freiwillige Spende nach der Vorstellung. Die originellen Bühnenstücke in der Neuköllner Oper sollten Sie ebenfalls kennenlernen. Donnerstags kosten die Tickets nur 13 (erm. 9) Euro. *Eintritt ab 0 Euro | Karl-Marx-Str. 131 | Karten Di–Fr u. an Spieltagen 15–19 Uhr | Tel. 68 89 07 77 | www.neukoellneroper.de | U 7 Karl-Marx-Straße | Neukölln*

> **www.marcopolo.de/berlin**

KULTUR & EVENTS

PRIME TIME THEATER [143 E2]

Magst du Döner – kommst du rein. In der Seifenoper „Gutes Wedding, schlechtes Wedding" wird gnadenlos mit dem benachbarten Szenebezirk Prenzlauer Berg („Prenzlwichser") abgerechnet und die türkische Community im Dönerimbiss auf die Schippe genommen. Die Theatervorstellungen zum Preis von drei bis vier Döner Kebabs sind sehr beliebt und daher regelmäßig ausverkauft. Also unbedingt Tickets reservieren.

Eintritt 15–17 Euro, erm. 8–11 Euro | Müllerstr. 163/Eingang Burgsdorfstr. | Tel. 49 90 79 58 | www.primetimetheater.de | U-/S-Bahn Wedding | Wedding

SCHEINBAR VARIETÉ [157 E3]

Hier können Sie gut lachen: Nachwuchs-Komödianten zeigen beim Open-Stage-Varieté mittwochs bis samstags, was sie drauf haben. Das Publikum erwartet im Mini-Saal, der schnell ausverkauft ist, fast immer

Beste Unterhaltung erwartet Sie im Prime Time Theater am S- und U-Bahnhof Wedding

30 | 31

ein großer Spaß. Auch beliebt: das bekannte Kabarett Lonely Husband, das hier regelmäßig auftritt. *Eintritt Mi, Do 8 Euro, Fr, Sa 9,50 Euro, So 11 Euro | Monumentenstr. 9 | Tel. 784 55 39 | www.scheinbar.de | S 1 Julius-Leber-Brücke | Schöneberg*

THEATER AM SCHLACHTHOF [161 D3]
Das „kleinste Volkstheater der Welt" nennt sich diese charmante Wohnzimmerbühne mit Café und einem ambitionierten Programm, z.B. Michael Kohlhaas oder Lysistrate. Sehr persönlich und mitunter mit Zuschauerbeteiligung. *Eintritt 8–10 Euro | Hausburgstr. 22 | Tel. 42 08 57 01 | www.theater-am-schlachthof.net | Tram M 10 Straßmannstraße | Friedrichshain*

THEATER UNTERM DACH [145 E3]
Kunst am Puls der Zeit: Freie Schauspielgruppen zeigen in der kommunalen Spielstätte mit 99 Plätzen zeitgenössische Dramen zum günstigen Eintrittspreis. „Kaspar Häuser Meer" von Felicia Zeller etwa handelt vom Alltag dreier Sozialarbeiterinnen eines Jugendamtes und unterhält

CLEVER!
> *Bitte (hinten) Platz nehmen*

In den staatlichen Bühnen sind die hinteren Plätze sehr günstig. So kostet etwa im Deutschen Theater eine Karte ab 4 Euro, im Berliner Ensemble ab 5 Euro (2. Rang, Stehplätze). Nicht immer ist die Sicht gut, aber eventuell können Sie sich in der Pause auf freie Plätze weiter vorne umsetzen. *Deutsches Theater* [138 B1]: *Schumannstr. 13 a | Karten Mo–Fr 11–18.30 Uhr u. vor Aufführungen | Eintritt ab 4 Euro | Tel. 28 44 12 25 | www.deutschestheater. de | U-/S-Bahn Friedrichstraße | Mitte; Berliner Ensemble* [138 B1]: *Bertolt-Brecht-Platz 1 | Karten Mo–Fr 8–18, Sa, So 11–18 Uhr u. vor Aufführungen | Eintritt ab 5 Euro | Tel. 28 40 81 55 | U-/S-Bahn Friedrichstraße | Mitte; Deutsche Oper Berlin* [147 E3]: *Bismarckstr. 35 | Karten Mo–Sa 11–19, So 10–14 Uhr u. vor Aufführungen | Eintritt ab 17 Euro | Tel. 343 84 01 | www.deutscheoperberlin.de | U 2 Deutsche Oper | Charlottenburg*

> **www.marcopolo.de/berlin**

KULTUR & EVENTS

durch groteske Innenansichten der Sozialbehörden. *Eintritt 8–12 Euro | Danziger Str. 101 | Tel. 902 95 38 17 | www.theateruntermdach-berlin.de | Tram M 10 Winsstraße | Prenzlauer Berg*

THEATER VERLÄNGERTES WOHNZIMMER [152 C1]
Das kleine Friedrichshainer Privattheater zeigt zeitgenössische Kammerstücke, etwa „Kick", ein Drama über die Mörder eines Brandenburger Jugendlichen. Der schlauchartige wirkende Bühnensaal hat nur 60 Plätze. Vor dem Auftritt stärken sich die Schauspieler im davor gelegenen Café, und dort ist es für Sie ein Leichtes, mit Ihnen ins Gespräch zu kommen. *Eintritt 5–10 Euro | Frankfurter Allee 91 | Tel. 45 30 63 51 | www.theater-verlaengertes-wohnzimmer.de | U-/S-Bahn Frankfurter Allee | Friedrichshain*

KINOS

Alle Kinos haben jeweils mindestens einmal in der Woche einen Tag mit ermäßigten Eintrittspreisen (ca. 4,50–6 Euro). Infos zu den jeweiligen Kinotagen finden Sie unter *www.kinokompendium.de*

DOWNSTAIRS IM FILMCAFÉ [145 D2]
Frühstück und Film für 11,90 Euro! Das kleine Programmkino im Keller eines Cafés in Prenzlauer Berg lädt an jedem zweiten Sonntag zum Brunch mit Kino ein. Aber auch an allen anderen Tagen können Sie Arthouse-Filme sehen für nur 4,50 Euro (4 Euro erm.). Das Bier zum Film kostet nur 1,90 Euro, günstiger geht's kaum! Früh da sein lohnt sich, da das Kino nur 40 Plätze hat. *Eintritt 4–4,50 Euro | Schliemannstr. 15 | Tel. 81 01 90 50 | www.dasfilmcafe.de | Tram M 10 Husemannstraße | Prenzlauer Berg*

FILMRAUSCHPALAST IN DER KULTURFABRIK MOABIT [143 E5]
Mal wieder Lust auf Matrix? Im ersten Stock des Off-Kulturzentrums in der Nähe des Hauptbahnhofs werden Kultfilme gezeigt, aber auch neue Filme, so sie einen gewissen intellektuellen Anspruch haben. Im Sommer wird freitags und samstags (22 Uhr) im Hinterhof eine Leinwand aufgezogen und gratis Open-Air-Kino geboten. Günstig sind nicht nur die Kinokarten, sondern auch das Bier oder die Limo (ca. 2 Euro) vor oder nach der Vorstellung. *Eintritt 6 Euro | Lehr-*

32 | 33

ter Str. 35 | Tel. 394 43 44 | www.film rausch.de | U-/S-Bahn Hauptbahnhof | Moabit

Z-INEMA [144 B4]

Cineasten-Paradies: Klassiker der Filmgeschichte zeigt Betreiber Thomas Wind sonntags um 21 Uhr im kleinen Kinosaal hinter der Z-Bar. Unter dem Motto Bahnhofskino werden unter anderem Action-, Kung-Fu- und Horrorfilme der B- und C-Liga aus den 1950er-, 60er- und 70er-Jahren gezeigt. Davor gibt es schräge Kurzfilme und alte Werbespots. *Eintritt 3,50 Euro | Bergstr. 2 |* Tel. 28 38 91 21 | www.z-bar.de | U 8 Rosenthaler Platz | Mitte

KONZERTE
GEDÄCHTNISKIRCHE [148 B5]

Orgelkonzerte und Bachkantaten können Sie im bekannten Gotteshaus in der Nähe des Kurfürstendamms hören. Die meisten 🐖 Konzerte sind kostenlos, zum Beispiel die Orgelvesper mit Werken von Bach jeden Samstag um 18 Uhr. Die von Architekt Egon Eiermann konzipierte Kirche verbreitet mit ihren blauleuchtenden Glasmosaiksteinen eine magische Atmosphäre. *Eintritt frei |*

Das Downstairs im Filmcafé ist ein kleines Kino mit viel Charme

KULTUR & EVENTS

Breitscheidplatz | www.gedaechtnis kirche-berlin.de | U-/S-Bahn Zoologischer Garten | Charlottenburg

HANNS-EISLER-MUSIKHOCHSCHULE [138 C4]

Die kostenlosen 🐷 Konzerte von Musikstudenten, etwa ein Vortragsabend der Gesangsklasse mit Werken von Johann Sebastian Bach im historischen Marstall ganz in der Nähe vom Schlossplatz und Berliner Dom oder im Hauptgebäude am Gendarmenmarkt, sind bei den Berlinern beliebt. Daher sollten Sie frühzeitig vor Ort sein. Die Konzerttermine finden Sie auf den Internetseiten der Hochschule oder in der Programmbroschüre, die in den Foyers der beiden Hochschulstandorte ausliegt. *Eintritt frei | Schlossplatz 7 u. Charlottenstr. 55 | Tel. 688 30 58 40 | www.hfm-berlin.de | U 2 Hausvogteiplatz u. Stadtmitte | Mitte*

PHILHARMONIE [149 E4]

Zu den begehrten, aber teuren Konzerten der Berliner Philharmoniker gibt es eine Alternative: Kostenlose Lunchkonzerte, die von September bis Juni dienstags um 13 Uhr stattfinden, geben u. a. Mitglieder der

Insider Tipp

Berliner Philharmoniker und Stipendiaten der Orchester-Akademie im Foyer der Philharmonie. Günstig sind auch die Familienkonzerte mehrmals im Jahr sonntags: Der Eintritt beträgt 5 Euro *(Kinder unter 2 Jahren frei, Info-Tel. 25 48 83 53). Herbert-von-Karajan-Str. 1 | Karten Mo–Fr 15–18, Sa, So 11–14 Uhr | Tel. 25 48 89 99 | www.berliner-phil harmoniker.de | U-/S-Bahn Potsdamer Platz | Tiergarten*

UNIVERSITÄT DER KÜNSTE [137 D2]

Die Berliner Hochschule im Westteil der Stadt bietet regelmäßig kostenlose 🐷 Konzerte ihrer Musikstudentinnen und -studenten an. Und dabei geht es auch gerne einmal experimentell zu: So werden etwa aus Klängen von elektromagnetischen Feldern, die durch digitale Kommunikations- und Sicherheitssysteme entstehen, Kompositionen entwickelt und vorgetragen. Die Konzerte finden an unterschiedlichen Orten statt, u.a. in der Alten Aula ([137 D2] *Hardenbergstr. 35 | U-/S-Bahn Zoologischer Garten | Charlottenburg)* und in der Grunewaldstraße 2–5, ([157 D3] *U 7 Kleistpark | Schöneberg). Eintritt frei | Tel. 31 85 23 74 | www.udk-berlin.de*

> Nirgends kann man für wenig Geld mehr erleben als in Berlin. Ob kostenlose Führung durch den Bundestag oder günstiges Klettern auf einem Bunker: Was Sie vor allem brauchen, ist Neugier und Abenteuerlust

Am besten, Sie schauen sich Berlin zunächst einmal von oben an. Viele Aussichtsplattformen (S. 40) zum kleinen Preis verschaffen Ihnen einen guten Überblick. Wenn Sie später unterwegs sind, finden Sie vieles wieder, was Sie von oben gesehen haben. Sternwarte (S. 37), Olympiastadion und Fußballtraining des Bundesligisten Hertha BSC (S. 39) oder ein Freiluftkonzert im Tiergarten (S. 43) gestalten einen Aufenthalt in der Hauptstadt abwechslungsreich und Geldbeutel schonend. Wo sich welche Sehenswürdigkeiten befinden, können Sie u. a. auf kostenlosen Stadtführungen (S. 44) erfahren. Wussten Sie, dass Berlin mit seinen fünf Flüssen auch über Fähren (S. 44) verfügt, mit denen Sie preiswerte Ausflüge übers Wasser unternehmen können? Neben den Flüssen gibt es viele Seen und Sommerbäder, wo Sie günstig planschen und sogar segeln können. Die Schwimmhallen der Berliner Bäderbetriebe (S. 50) sind in gutem Zustand, und manche Uferstelle am See lädt im Sommer zum Gratisbaden ein. Schauen Sie, was möglich ist. Viel Spaß!

MEHR ERLEBEN

ACTION & INTERESSANTES

ARCHENHOLD STERNWARTE [153 D5]

Bewundern Sie das längste Fernrohr der Erde (21 m) und lassen Sie sich erklären wie es funktioniert *(So 15 Uhr)* oder nehmen Sie selbst Beobachtungen am Riesenfernrohr vor *(Okt.–März 2. und 4. Fr im Monat 20 Uhr, Mai–Mitte Sept. Mi 15 Uhr).* Das kostenlose 🐷 Museum der kleinen, aber feinen Sternwarte ist etwas Besonderes: Dort können Sie u.a. einen riesigen Eisen-Meteorit besichtigen. Das älteste Fernrohr der Sternwarte ist über 120 Jahre alt! Auch das kleine Planetarium fasziniert die Besucher, es ist zudem das günstigste der Stadt. *Eintritt Ausstellung frei, Führung, Vortrag oder Beobachtung 6 Euro, erm. 3 Euro | Mi–So 14–16.30*

Insider Tipp

Uhr, Führung Do 20, Sa, So 15 Uhr, Beobachtung Okt.–März Fr 20, April–Aug. einmal im Monat (Termine s. Internet) 23 Uhr | Alt-Treptow 1 | Tel. 534 80 80 | www.sdtb.de | S 8, 9, 41, 42 Treptower Park | Treptow

BUNDESTAGSFÜHRUNG 🐷 [149 F2]

Sie wollen wissen, wie und wo die über 600 Abgeordneten des Deutschen Bundestags mit ihren Angestellten und Referenten arbeiten? Führungen durch den Reichstag (S. 24 u. 40) sowie die Parlamentsgebäude Elisabeth-Lüders- und Paul-Löbe-Haus werden mehrmals täglich außerhalb der Sitzungszeiten angeboten, und das gratis. Auch Führungen für Familien (samstags) sowie Kunst- und Architekturtouren finden regelmäßig statt. Eine schriftliche Anmeldung (auch per E-Mail oder Fax) ist Pflicht, am besten so früh wie möglich, denn die Touren sind häufig ausgebucht. *Eintritt frei | Deutscher Bundestag, Besucherdienst, Platz der Republik 1, 11011 Berlin | Tel. 22 73 21 52 |* *Fax 22 73 00 27 | besucherdienst@ bundestag.de | www.bundestag.de/ besuche/fuehrungen | U 55 Bundestag | Tiergarten*

HERTHA-TRAINING 🐷 [160 C3] Insider Tipp

Fußballfreunde können für null Euro Profikickern zusehen – beim öffentli-

Coole Kunststücke zeigen die Kids in Europas größter Skatehalle in Friedrichshain

MEHR ERLEBEN

chen Training. Mehrmals wöchentlich läuft Bundesligist Hertha BSC zur Hochform auf, um sich u.a. mit Übungsspielen auf kommende Begegnungen vorzubereiten. Trainiert wird auf dem Gelände neben dem Olympiastadion an der Hanns-Braun-Straße. Termine finden Sie im Internet unter der Rubrik Team/Trainingszeiten. *Eintritt frei | Tel. 300 92 80 | www.herthabsc.de | S 5, 75 Olympiastadion | Charlottenburg*

KARAOKE IM MAUERPARK 🐷 [144 C2]
Jeden Sonntagnachmittag geben im Sommer Laiensänger unter freiem Himmel ihr Bestes, während ein begeistertes Publikum die Interpreten in der Arena im Mauerpark anfeuert. Mitmachen kann jeder, der Veranstalter Joe Hatchiban hat eine mobile Musikanlage dabei und jede Menge Lieder zum Nachsingen. *Eintritt frei | April–Sept. So ca. 15–18 Uhr | Mauerpark | www.bearpitkaraoke.com | U 2 Eberswalder Straße | Prenzlauer Berg*

SKATEHALLE [152 B3]
Europas größte Skatehalle zieht nicht nur die Kids an! Zuschauen lohnt sich, denn es ist beeindruckend, was der Nachwuchs auf riesigen Halfpipes für Kunststücke zeigt. Skatermeisterschaften und andere Events sorgen häufig am Wochenende für ein volles Haus. *Eintritt 6 Euro, erm. 5 Euro, 2 Std. vor Hallenschluss 4 Euro, Zuschauer 2 Euro, erm. 1 Euro | Okt.–April Mo 14–20, Di–Fr 14–24, Do ab 20 Uhr Herrenabend ab 25 J., Sa 13–24, So 13–20 Uhr, Mai–Sept. Mo, Do 14–20, Di 14–22, Mi, Fr 14–24, Sa 13–24, So 13–20 Uhr, Di BMX-Tag, | Revaler Str. 99 | Tel. 29 36 29 66 | www.skatehalle-berlin.de | U-/S-Bahn Warschauer Straße | Friedrichshain*

TEMPELHOFER FELD 🐷 [158 A–C5]
Einmal übers Rollfeld skaten oder in einem ehmaligen Hangar eine Bratwurst essen? Auf dem Gelände des seit 2008 geschlossenen Flughafens Tempelhof können Sie auf 355 ha spazierengehen, Fahrrad fahren oder skaten. Bei Schnee gibt es eine 8 km lange Loipe für Skilangläufer, im Sommer laden die riesigen Wiesen zum Picknick oder Drachensteigen ein. Es gibt auch einen kunstvollen Minigolfparcours auf der nördlichen Seite. *Eintritt frei | U-/S-Bahn Tempelhof | Tempelhof*

AUSSICHTEN

FRANZÖSISCHER DOM [139 D4]

Einen tollen Blick über Berlin haben Sie von der restaurierten Kuppel des 1701–05 für die Hugenotten erbauten Doms am Südende des Gendarmenmarkts. 254 Stufen müssen Sie erklimmen, bis Sie die grandiose Aussicht über die ganze Stadt genießen können. Schilder an der Brüstung zeigen wo sich Museumsinsel oder Gedächtniskirche befinden. *Eintritt Aussichtsplattform 3 Euro | tgl. 10–19, Nov.–März bis 18 Uhr | Gendarmenmarkt 7 | Tel. 20 30 60 | U 2, 6 Stadtmitte | Mitte*

KREUZBERG [157 F4]

Nirgends können Sie besser den Sonnenuntergang genießen als auf dem Hausberg des gleichnamigen Stadtteils. Für ein Picknick erklimmen auch die Berliner gerne den 60 m hohen Hügel und hoffen, dass es oben beim Schinkeldenkmal für die Siege in den Befreiungskriegen nicht zu voll wird. Doch ein freies Plätzchen findet sich eigentlich immer. Und so packen Stadtromantiker Pizza, Döner und Rotwein aus und bewundern den Himmel über Berlin. *U 6, 7 Mehringdamm | Kreuzberg*

PARK INN HOTEL [151 D1]

Wem der Besuch des Fernsehturms (13 Euro Eintritt!) am Alexanderplatz zu teuer ist, hat gegenüber einen fast genauso guten Blick. Im 40. Stock des Park Inn Hotels gibt es nämlich eine Aussichtsplattform im Freien. Der Eintrittspreis ist deutlich günstiger, das gilt teilweise auch für die Getränke. Wer länger bleiben will, nimmt im Liegestuhl Platz. *Eintritt 3 Euro | bei gutem Wetter April–Okt. tgl. 12–22, Nov.–März Mo–Fr 15–18, Sa, So 12–18 Uhr | Alexanderplatz | Tel. 238 90 | U-/S-Bahn Alexanderplatz | Mitte*

REICHSTAGSKUPPEL 🐷 [149 F2]

Steigen Sie dem Deutschen Bundestag aufs Dach und genießen Sie die Aussicht über das Regierungsviertel, den Tiergarten und die Berliner Mitte. Kosten: null Euro! Sie müssen sich mindestens zwei Tage im Voraus schriftlich anmelden für den Kuppelbesuch. Da der Andrang aber riesig ist, sollten Sie lieber langfristig planen. Wer spontan die Kuppel besuchen möchte, kann vor Ort beim Besucherzentrum vor dem Reichstag nachfragen. Einzelplätze sind manchmal frei. Dort kann man sich

> *www.marcopolo.de/berlin*

MEHR ERLEBEN

auch für einen Termin innerhalb der nächsten zwei Tage eintragen lassen. Tipp: Morgens um acht oder am späten Abend ist es leerer. *Eintritt frei | tgl. 8–24 Uhr, letzter Einlass 22 Uhr | Platz der Republik | Tel. 22 73 21 52 | Fax 22 73 64 36 | www.bundestag. de | U 55 Bundestag | Tiergarten*

SOLAR [150 A5]

Fahren Sie mit einem 🐷 gläsernen Außenfahrstuhl in den 16. Stock und genießen Sie aus dem Club Solar den tollen Ausblick über die Stadt. Ein Gläschen Mineralwasser (2,50 Euro) sollten Sie aber in der Bar wenigstens bestellen oder sie kehren gleich im Solar-Restaurant ein. Auf bequemen Loungemöbeln vor Panoramafenstern liegt Ihnen Berlins Innenstadt in ihrer ganzen Pracht zu Füßen. *Eintritt frei | So–Do 18–2, Fr, Sa 18–4 Uhr | Stresemannstr. 76 | Tel. 0163/765 27 00 | www.solar-berlin.de | S 1, 2, 25 Anhalter Bahnhof | Kreuzberg*

BEAUTY & WELLNESS

HAIRTIE [152 C1]

So günstig ist kaum ein anderer Friseur in Berlin! Für knapp 5 Euro werden Herren (ohne Waschen) die Haare geschnitten, ein Damenschnitt kostet ca. 10 Euro (mit Haarwäsche). Sie müssen keinen Termin machen, dafür warten Sie, wenn der Laden voll ist, eine Weile. Filialen u.a. in Spandau *(Klosterstr. 12)* und Schöneberg *(Hauptstr. 97)*. *Mo–Sa 9–20 Uhr | Frankfurter Allee 60 | Tel. 47 59 50 42 | www.hairtie.de | U 5 Samariterstraße | Friedrichshain*

LACHEN IM PARK [158 B–C5]

Lachen ist gesund und macht glücklich: Die Berliner Lachbewegung lädt zum gemeinsamen Lachyoga ein. Da lacht auch das Sparschwein, denn die Teilnahme erfolgt gegen Spende! Mit Atemübungen aus dem Yoga. *So 12–ca. 13.15 Uhr | Tempelhofer Feld, Eingang Columbiadamm beim Biergarten | Tel. 44219 15 | www.hauptstadt-lacht.de | U 6 Platz der Luftbrücke | Tempelhof*

SHISEIDO [156 B1]

Im KaDeWe bietet die Kosmetikfirma Shiseido in einer 🐷 Beautylounge Beratungsgespräche, Computer-Hautanalysen, Make-Up-Trainings und entspannende Gesichts- bzw. Handmassagen an. Das alles ganz unverbindlich und vor allem kostenlos. Unbedingt eine Woche vorher reservie-

40 | 41

ren. *Mo–Fr 10–20, Sa 9.30–20 Uhr | Tauentzienstr. 21–24 | Tel. 218 73 89 | www.shiseido.de | U 1, 2 Wittenbergplatz | Schöneberg*

SYOGRA [158 A2]
Sie leiden unter Rückenschmerzen? Ein Boxenstop im Massagesalon bringt Sie wieder auf Trab! 20 Minuten Jade-Massageliege plus 20 Minuten klassische Rückenmassage kosten nur 15 Euro, wenn Sie werktags zwischen 15 und 19 Uhr Zeit haben. Jade-Massageliegen haben Kugeln aus Jade, die sanft den Rücken massieren. Ohne Voranmeldung. *Mo–Fr 9.30–20 Uhr | Großbeerenstr. 10 | Tel. 23 63 37 63 | www.syogra-berlin.com | U 6, 7 Mehringdamm | Kreuzberg*

STADTNATUR

GÄRTEN DER WELT [161 E3]
Hier lernen Besucher jahrtausende alte Gartenkunst kennen: Original chinesische, japanische, balinesische und orientalische Gärten faszinieren mit exotischen Pflanzen und Düften. Auch ein christlicher Klostergarten fasziniert. Stundenlang kann man durch die Grünanlagen schlendern, im Chinesischen Teehaus an einer Teezeremonie teilnehmen oder sich im Labyrinth und Irrgarten verlaufen. *Eintritt Mitte Nov.–Mitte März 2 Euro, erm. 1 Euro, sonst 5 Euro, erm. 1,50 Euro | April–Sept. tgl. 9–20, März, Okt. bis 18, Nov.–Feb. bis 16 Uhr | Eisenacher Str. 99 | Tel. 700 90 66 99 | Bus 195 Erholungspark Marzahn | Marzahn*

GRUNEWALD [160 C3]
Der 3000 ha große Grunewald bietet nicht nur alte Eichen und weit ausladende Kiefern, sondern auch das Umweltzentrum Ökowerk, den Teufelssee zum 🐷 kostenlosen Baden sowie im Winter einen der besten Rodelhügel nördlich der Alpen: den Teufelsberg. Beeindruckend ist auch die große Sanddüne in einer Senke südwestlich vom S-Bahnhof Grunewald. Hier können Sie prima picknicken oder im Winter Schlitten fahren. Das Ökowerk am Ufer des Teufelssees bietet u. a. spannende Naturführungen (2–5 Euro). Eine Ausstellung zum Thema Wasser kostet 2,50 Euro Eintritt (erm. 1 Euro), 🐷 der Besuch des Kräuter- und Bauerngartens ist kostenlos. Achtung: Der Teufelssee ist Eldorado der Nacktbadenden! *Ökowerk-Ausstellung: Di–Fr 9–18, im Winter 10–16 Uhr | www.oekowerk.de | S 7 Grunewald | Grunewald*

Insider Tipp

> www.marcopolo.de/berlin

MEHR ERLEBEN

NATURPARK SCHÖNEBERGER SÜDGELÄNDE [161 D4]

Robinienwald und Spazierwege auf ehemaligen Fernbahntrassen, ein verfallenes Stellwerk, davor eine Liegewiese: Auf dem Gelände des Rangierbahnhofs Tempelhof ist ein verwunschener Park mit Wildrosen und Sand-Strohblumen entstanden. Regelmäßig *(April–Sept. Termine im Internet)* bietet der Bund für Umwelt und Naturschutz interessante Führungen zu seltenen Vögeln und Pflanzen. Der Eingang befindet sich am S-Bahnhof Priesterweg. *Eintritt 1 Euro, Führungen 5 Euro, erm. 3,50 Euro | tgl. 9–20, im Winter bis 17 Uhr | Tel. 787 90 00 | www.gruen-berlin.de | S 2, 25 Priesterweg | Tempelhof*

TIERGARTEN [148–149 B-E2-4]

Kostenlose Freiluftkonzerte mit Klassik und Jazz finden im Sommer im Englischen Garten statt *(Juli, Aug. So 16 und 19 Uhr)*, dem nordwestlichen Teil des Tiergartens. Auf den umliegenden Wiesen können Sie entspannt der Musik zuhören und auf einer Decke oder Parkbank picknicken. Wunderschön zum Luftholen in aller Ruhe ist der Rosengarten im südöstlichen Teil des Parks. Neben dem Haus der Kulturen der Welt, einem Kulturzentrum der Bundesregierung, picknicken türkische, kurdische oder griechische Großfamilien, und es wird häufig auch gefeiert und getanzt. Das 42 m hohe Carillion im Nordosten des Parks ist das größte

---

CLEVER!

> **Ökogärtner – Urban Gardening**

Kohlrabi und Lauch wachsen auch mitten in der Stadt und tragen dazu bei, dass die Berliner wieder wissen, wie Gemüse angebaut wird. Etliche Brachflächen sind inzwischen in Gemüseäcker umgewandelt worden, etwa die Prinzessinnengärten *(http://prinzessinnengarten.net)* am Moritzplatz [159 D1] in Kreuzberg. Hier gibt es auch ein Café, in dem im Sommer das frisch geerntete Gemüse für wenig Geld (3–5 Euro) zu leckeren Suppen und Aufläufen verarbeitet wird. Auch auf der Neuköllner Seite des Tempelhofer Feldes (S. 37), des ehemaligen Flughafens mitten in der Stadt, gedeihen Kürbisse und Zucchini ganz prächtig.

Glockenspiel Europas. Kostenlose 🐷 Carillon-Konzerte gibt es von Mai bis September sonntags um 15 Uhr. *Eintritt frei | Termininfos unter Tel. 39 48 04 00 | www.konzertsommer-berlin.de. | S 3, 5, 7, 75 Bellevue | Tiergarten*

VOLKSPARK FRIEDRICHSHAIN [145 E–F5]

In den ältesten Berliner Volkspark zieht es besonders junge Leute und Familien aus den Szenebezirken Prenzlauer Berg und Friedrichshain. Für Kinder ab zehn Jahren ist die Halfpipe im nördlichen Teil spannend, Ältere spielen nebenan eine Partie Tennis auf den öffentlichen Plätzen oder auch Beachvolleyball. Inlineskates, Bälle und Schläger kann man sich am Schwanenteich ausleihen. Außerdem gibt es viele Spielplätze, ein Freilichtkino sowie einen großen Biergarten. Tipp: Unbedingt den Märchenbrunnen am westlichen Parkeingang anschauen. Die Grimmschen Figuren, aus denen Wasserfontänen spritzen, sind einmalig kitschig. *Straße am Friedrichshain | Tennisplatzvermietung, Sportgeräteverleih http://sgamhain.de | Tram M 8 Platz der Vereinten Nationen | Friedrichshain*

CLEVER!
> **Schifffahrt mit der Fähre**

Die Berliner fahren nicht nur Bus und Bahn, auch Schiffe verkehren im täglichen Liniendienst. Die sechs Fähren können mit ganz normalen BVG- oder S-Bahntickets benutzt werden (auch Rabattkarten). So können Sie etwa mit der Fähre F 10 herrlich über den Wannsee nach Kladow schippern. Hin und zurück sind sie rund eine Stunde unterwegs. Anleger am S-Bahnhof Wannsee, *Infos zu Fahrzeiten unter Tel. 194 49 | www.bvg.de | S 1, 7 Wannsee | Wannsee*

STADTTOUREN
ALTERNATIVE BERLIN [139 F1]

Insider Tipp

Diese Stadttour führt Sie u.a. in Ateliers von Berliner Künstlern, zur Skatehalle (S. 39) und vielen Plätzen, an denen Sie die junge Szene Berlins kennenlernen können. Die Stadtführer reichen nach der ca. fünfstündigen Tour den Hut herum und sammeln Spenden ein. Jeder gibt, was ihm die Tour wert war. Achtung: nur auf Englisch! *Teilnehmerpreis Spende | tgl. 11, 13 Uhr | Treffpunkt*

Bild: Berliner Künstler zeigen ihr Atelier bei der Alternative-Berlin-Tour

MEHR ERLEBEN

44 | 45

Starbucks-Café am Alexanderplatz | Panoramastr. 1 | Tel. 0176/23 17 58 00 | www.alternativeberlin.com | U-/S-Bahn Alexanderplatz | Mitte

MAUERSTREIFZÜGE 🐖

Zweimal im Monat lädt der Grünen-Europaabgeordnete Michael Cramer während der Sommersaison *(Mai–Sept.)* zum Radeln auf dem Mauerweg ein. Dabei wird nicht nur die Geschichte der Teilung aufgearbeitet, sondern auch zünftig im Biergarten gerastet. Zu jedem Termin wird ein anderes Stück der Stadtgrenze erkundet. Geschichte hautnah! *Teilnahme kostenlos | Termine im Internet unter www.michael-cramer.eu/de/berlin/berliner-mauer-radweg*

NEUBERLINER RADTOUREN 🐖

Insider Tipp

Kostenlose Stadtführungen mit dem Fahrrad bietet der Allgemeine Deutsche Fahrrad Club (ADFC) regelmäßig für Zugezogene. Natürlich können auch Berlinbesucher teilnehmen, Vorrausetzung ist der Besitz eines Fahrrades, das man sich vorher natürlich auch günstig mieten kann, etwa bei Next-Bike (S. 15). *Teilnahme*

CLEVER!
> *Stadtrundfahrt für wenig Geld – BUS 100*

Die **Buslinie 100** eignet sich prima für eine Stadtrundfahrt, da sie an allen Sehenswürdigkeiten vorbeiführt – eine günstige Art, die City zu erkunden (Ticket 2,70 Euro). Vom Bahnhof Zoo geht es an der Gedächtniskirche vorbei Richtung Botschaftsviertel, weiter zu Siegessäule, Schloss Bellevue – dem Amtssitz des Bundespräsidenten –, dann am Reichstag und Brandenburger Tor entlang bis zum Fernsehturm am Alexanderplatz. Natürlich fahren die Busse auch in umgekehrter Richtung und man kann am Alexanderplatz starten. Steigen Sie unterwegs aus, wo es Ihnen gefällt, der nächste Bus kommt bald. Tagsüber fährt die Linie im 5-Minuten-Takt. Einen Audioguide zu der Strecke können Sie für 7,99 Euro aus dem Internet herunterladen *(www.audioguideportal.de/audioguide/113/mitten-durch-berlin-mit-dem-bus-100-vom-zoo-zum-alex, auch als App fürs Smartphone)*. Er bietet viele Infos, gesprochen von bekannten Berlinern.

> *www.marcopolo.de/berlin*

MEHR ERLEBEN

kostenlos | Infos zu den Touren unter Tel. 448 47 24 | www.radundtouren.de

NEW BERLIN GRATISTOUR   [138 A3]

Für Erstbesucher der Stadt bietet sich die klassische Tour durch Berlins Mitte an: Unter den Linden, Gendarmenmarkt, Reichstag, Museumsinsel und Potsdamer Platz werden zu Fuß erkundet und ausführlich erläutert, (unbedingt bequeme Schuhe anziehen!). Die Tour startet täglich am Brandenburger Tor (vor dem Starbucks-Café). Bezahlen müssen Sie am Ende der rund 3½-stündigen Tour, bei der auch Pausen gemacht werden, nur das, was Sie wollen und können. *Teilnehmerpreis Spende | auf Deutsch Do–So 11, auf Englisch tgl. 9, 11, 13 Uhr | Pariser Platz 4 | Tel. 51 05 00 30 | www.newberlin tours.com | U-/S-Bahn Brandenburger Tor | Mitte*

TOUREN IN TEMPELHOF   [161 D4]

Ein Ort des Schreckens und der Gewalt – das SA-Gefängnis Papestraße ist Thema einer 🐷 Gratis-Führung, die sonntags um 14 Uhr vom Museum Schöneberg-Tempelhof organisiert wird *(Werner-Voß-Damm 54 a | Tel. 902 77 61 63 | www.gedenkort-pa pestrasse.de, www.museentempelhof schoeneberg.de)*. Eine ==Führung zum nahe gelegenen Schwerbelastungskörper== bietet der Verein Berliner Unterwelten an *(Teilnehmerpreis 6 Euro | April–Okt. So 12 Uhr | General-Pape-Straße/Loewenhardtdamm | Tel. 49 91 05 17 | http://berliner-unterwelten.de/ tour-s, www.schwerbelastungskoerper. de)*. Hitler ließ ihn 1941 bauen, um zu testen, wie belastbar der Boden unter der geplanten neuen Hauptstadt Germania wohl sei. *S-Bahn Südkreuz | Tempelhof*

Insider Tipp

SPORT & OUTDOOR

BADEN IM TEGELER SEE 🐷 [161 C2–3]

Gleich mehrere schöne Badestellen laden zum kostenlosen Schwimmen im sauberen See ein. Schatten spenden Uferbäume, und nur ein paar aufdringliche Schwäne auf Futtersuche stören ab und zu das Idyll. Und so kommen Sie hin: Vom U-Bahnhof Tegel folgen Sie der Fußgängerzone und Straße Alt-Tegel bis zum Tegeler See. An der Greenwichpromenade rechts halten, und immer am Ufer entlang gehen. Über die rote Sechser-Brücke, dann links dem Uferweg weiter folgen. Nach ca. 15 Minuten kommt die Villa Borsig in Sicht, in der das Auswärtige Amt der Bundesregierung Diplomaten ausbildet. Haben Sie die Villa passiert, sind Sie fast da. Noch etwa 5 Minuten, und der erste von einer ganzen Reihe wilder Strände liegt vor Ihnen. *U 6 Alt-Tegel | Reinickendorf*

BADESCHIFF [141 D5]

Für nur 5 Euro können Sie sich einen ganzen Tag im Schwimmbad mit Club und Cocktailbar vergnügen. Ein gewässertes Schubschiff wurde einfach mit Schwimmbadfolie ausgekleidet, fertig ist der Pool am Spreeufer. Der Sandstrand vor dem Becken ist im Sommer allerdings sehr voll. Nachteil: Mitgebrachte Speisen und Getränke werden nicht gern gesehen. *Eintritt 5 Euro, erm. 3 Euro | Mai–Sept. tgl. 8–24 Uhr | Eichenstr. 4 | Tel. 53 32 03 82 | www.arena-berlin.de/badeschiff | S 8, 9, 41, 42 Treptower Park | Treptow*

BEACHVOLLEYBALL

Der Lieblingssportart der Berliner können Sie in fast allen Parks der Stadt frönen. Die schönsten kostenlosen Anlagen befinden sich im Volkspark Friedrichshain (S. 44) sowie im Ernst-Ludwig-Jahn-Sportstadion [144 C2]. Voraussetzung ist der Besitz eines Balls. Sollten Sie keinen dabei haben, können Sie auch einen Platz mit Ball mieten, etwa im Beach Mitte [144 A4], Europas größter Beachvolleyball-Anlage mit über 60 Plätzen. Ein Spielfeld kostet zwar 12 bis 16 Euro pro Stunde. In der Regel finden Sie hier aber schnell an der Strandbar weitere Mitspieler, mit denen Sie sich die Kosten teilen können. *Platz 12–16 Euro/Std., Ball 1,50 Euro | Mai–Sept. tgl. ab 10 Uhr | Caroline-Michaelis-Str. 8 | Tel. 0177/ 280 68 61 | www.beachmitte.de | S 1, 2, 25 Nordbahnhof | Mitte*

CITY-JOGGING [152 B4]

Sie wollen sich sportlich austoben und die Stadt nebenbei entdecken? Wie wäre es mit einer Joggingtour entlang der Spree? Alles was Sie brauchen, sind ein paar Joggingschuhe, sportliche Bekleidung und etwas Kondition. Vom Schloss Bellevue bis zum Alexanderplatz bietet ein hübscher Uferweg die ideale Fitnessstrecke. Unterwegs passieren Sie u. a. den Hauptbahnhof und das Regierungsviertel (S. 17). Auch die Museumsinsel (S. 25) liegt auf Ihrem Weg. Unter *www.stadtentwicklung.*

> *www.marcopolo.de/berlin*

MEHR ERLEBEN

berlin.de/umwelt/landschaftsplanung/ stadtspree finden Sie noch weitere Jogging-Strecken (mit Kartenmaterial!), die an vielen Sehenswürdigkeiten vorbeiführen.

KLETTERN [152 B3]

Senkrecht in die Höhe kraxeln ist in Berlin ein sehr beliebter Zeitvertreib, über ein Dutzend Kletterwände ziehen Bergsteiger an. Z.B. in Friedrichshain: 75 verschiedene Routen bietet dort der 19 m hohe Betonkegel eines Bunkers. Kletterschuhe, Seil, Gurt und Karabiner können ausgeliehen werden. Wer zu zweit klettert, zahlt pro Person nur 7,50 Euro (statt 10 Euro) für die Ausrüstung. *Eintritt Mo–Fr vor 15 u. Sa ab 19 Uhr 4 Euro, erm. 3 Euro, sonst 7 Euro, erm. 5,50 Euro | tgl. 10–23 Uhr | Revaler Str. 99 | www.derkegel.de | U-/S-Bahn Warschauer Straße | Friedrichshain*

RENNRADELN 🐷 [150 C1]

Sie müssen ja nicht gleich wie ein Fahrradkurier durch die Straßen jagen, aber im sportlichen Tempo die Stadt entdecken macht Spaß, zumal **Insider Tipp** wenn das Rennrad gratis ausgeliehen wird. Im Freitag-Shop können Sie in der Sommersaison täglich ein cooles Fixie-Bike (in diesem Fall mit Bremsen!) leihen, dafür müssen Sie nur ein Pfand da lassen (Ausweis). Am besten vorher anrufen, ob noch eines da ist, denn die vier Leihräder sind nicht nur schnell, sondern auch schnell weg. *Mo–Fr 11–20, Sa 10–19 Uhr (Fahrradverleih April–Okt.) | Max-Beer-Str. 3 | Tel. 24 63 69 61 | www.freitag. ch | U 8 Weinmeisterstraße | Mitte*

SEGELSCHULE HERING [160 C4]

Sie wollten schon immer mal mit einem Boot auf Berlins größtem Fluss, der Havel, kreuzen? Während der Sommersaison lädt die Segelschule freitags ab 18 Uhr für nur 5 Euro zum Schnuppersegeln ein. Geübt wird nördlich der Insel Schwanenwerder. Keine Anmeldung erforderlich! *Am Großen Fenster | Grunewald | Tel. 861 07 01 | www.segelschule-hering. de | S 1, 7 Nikolassee | Zehlendorf*

SPREEPADDELN [152 B4] **Insider Tipp**

Paddeln auf der Spree ist ein ganz besonderes Vergnügen! In Kreuzberg, wo der Fluss etwas breiter ist, müssen Sie auch keine Angst vor Kollisionen mit Schubschiffen haben. Schauen Sie sich doch einmal die 30 m hohen Molecule Men, eine Skulptur in der Spree des Bildhauers Jonathan Borofsky aus der Nähe an und lassen Sie sich sanft zum Anleger zurücktreiben. Ein 2er-Kajak kostet rund 12 Euro die Stunde. Vielleicht finden sich ein paar Mitfahrer? Im Vierer sind Sie mit nur 13 Euro dabei! *Paddeln ab 10 Euro/ Std. | tgl. ab 11 Uhr bis Sonnenuntergang | Vor dem Schlesischen Tor 2 a | Tel. 0176/364 14 876 | www. freischwimmer-berlin.com/start/ deutsch/bootsverleih | U 1 Schlesisches Tor | Kreuzberg*

STADTBAD MITTE [144 B4–5]

Über 60 Bäder laden in Berlin zum regelmäßigen Schwimmen ein. Eines der schönsten ist das Stadtbad Mitte (Bj. 1930), Deutschlands größte überdachte Schwimmhalle. Schwimmer fühlen sich hier wie in einem riesigen Treibhaus mit 50-m-Bahn, Glaswänden und Glasdach. Im Haus befindet sich auch eine günstige Sauna mit von Max Pechstein gestalteten Fenstern, einer Dampf- sowie einer finnischen Sauna. *Tageskarte 5,50 Euro, erm. 3,50 Euro, 6.30–7.30, 10–15 u. 20–21.30 Uhr Einheitstarif 3,50 Euro,*

Insider Tipp

CLEVER!

> *Kostenlose Kultur auf Festivals*

Eigentlich wird in Berlin ständig etwas gefeiert, im Mai lockt der Karneval der Kulturen (*www.karneval-berlin.de*) mit einem viertägigen Straßenfest und einem bunten Umzug, die Fête de la musique im Juni ist ebenfalls ein Highlight mit hunderten von kostenlosen Konzerten in der Innenstadt. Zum Fest der Deutschen Einheit am 3. Oktober gibt es jährlich ein kostenloses Konzert am Brandenburger Tor mit bekannten Bands, und Ende Oktober ist das Festival of Lights (*www.festival-of-lights. de*) ein Publikumsmagnet. Lichtkünstler illuminieren ca. zehn Tage lang wichtige Sehenswürdigkeiten und projizieren Bilder und Farben an das Brandenburger Tor oder den Fernsehturm. Beliebt sind auch die Berliner Märchentage (*www.maerchenland-ev.de*), das größte Märchenfestival der Welt, mit kostenlosen Lesungen im November. Infos zu allen wichtigen Events unter *www.berlin.de/events*

> *www.marcopolo.de/berlin*

MEHR ERLEBEN

Sauna 2,5 Std. 10 Euro, erm. 8 Euro, 20 Min. Massage ab 14 Euro | Öffnungszeiten Schwimmhalle tel. erfragen, Sauna Mo–Fr 16–23, Sa, So 14–21 Uhr, Di, Do Damentage | Gartenstr. 5 | Tel. 308 80 90, Sauna Tel. 281 06 66 | www.berlinerbaederbetriebe.de, www.sauna-mitte.de | S 1, 2, 25 Nordbahnhof | Mitte

STRANDBAD WANNSEE [160 C4]
Europas größtes Binnenseebad (Bj. 1907) sollten Sie sich nicht entgehen lassen. Mit Promenade (Cafés, Imbissbuden), Strandkorbvermietung, 1,2 km langem Sandstrand und Wasserrutschen fühlt man sich hier fast wie an der Ostsee. Wer abends ab halb sechs Uhr kommt, zahlt weniger ebenso Frühaufsteher am Wochenende. Dann ist es auch deutlich leerer, und Sie haben viel Platz. Wer beim Aufräumen und Säubern des Sandstrands hilft, bekommt eine Freikarte für den nächsten Tag. *Eintritt 5,50 Euro, erm. 3,50 Euro, tgl. ab 17.30 und Sa, So ab 8 Uhr 3,50 Euro | Ostern–Sept. Mo–Fr 10–19, Sa, So 8–20 Uhr | Wannseebad 5 | Nikolassee | S 1, 7 Nikolassee | Zehlendorf*

Für nur 5 Euro können Sie mit der Segelschule Hering auf der Havel Bötchen fahren

> Günstig essen können Sie an vielen Orten der Hauptstadt. Doch wo es auch so richtig lecker schmeckt, der Service nett ist oder die Location einen Besuch wert, das wissen oft nicht einmal die Berliner. Aber wir!

Natürlich können Sie sich den ganzen Tag von Brötchen ernähren und dazu Limo aus dem Supermarkt trinken, doch günstiger als eine warme Mahlzeit beim Fleischerimbiss (S. 62) oder in einer asiatischen Nudelküche (S. 64) ist das nicht unbedingt. Kaum eine Stadt in Europa hat so viele preiswerte Restaurants und Imbissbuden zu bieten wie Berlin. Sogar in Gourmetrestaurants (S. 68) können Sie mittags relativ preiswert Sterne-Kochkünste genießen. Und wer mit dem manchmal etwas kargen Ambiente einer Kantine oder Mensa (S. 58) nicht hadert, wird auch dort zum kleinen Preis prima satt und lernt vielleicht gleich noch ein paar Einheimische kennen. Ob Currywurstbude, Markthalle oder Suppenküche – Sie werden begeistert sein von der kulinarischen Vielfalt für wenig Geld. Wir wünschen guten Appetit!

CAFÉS

BÖSE BUBEN BAR [138 B1]

Keine Bar, sondern ein Café mit einfachem Bistromobiliar und Büchern zum Lesen. Hier können Sie in der

ESSEN & TRINKEN

Nähe des Regierungsviertels günstig frühstücken (ab 5 Euro). Unter der Woche gibt es jeden Tag einen großen Teller Suppe für 5 Euro. *Tgl. ab 9 Uhr | Marienstr. 18 | Tel. 27 59 69 09 | U-/S-Bahn Friedrichstraße | Mitte*

CINEMA CAFÉ [139 E1]

Das älteste Kaffeehaus am Hackeschen Markt ist gemütlich eingerichtet mit Omas Sofas und altem Esstischmobiliar. An den Wänden hängen unzählige Fotos von Filmen und Gästen. Der Kaffee schmeckt so lala, dafür ist er mit 2 Euro in dieser Lage sehr günstig. Eine knackige Bockwurst mit Brot und Salat kriegt man schon für 3,20 Euro serviert. Im Sommer gibt es Biergartentische im Hof. *Tgl. ab 12 Uhr | Rosenthaler Str. 39 | Tel. 280 64 15 | S 3, 5, 7, 75 Hackescher Markt | Mitte*

KATZ & MAUS [144 B4]

Hier frühstücken nicht nur die Gäste des Circus Hostels (S. 106), auch andere sind gern gesehen. Eine Tasse Kaffee kostet 1,20 Euro! Und ein Frühstück bekommen Sie ab 2,50 Euro serviert, das morgendliche All-you-can-eat-Büfett *(bis 13 Uhr)* gibt es für nur 5 Euro. Internationales Flair durch Publikum aus aller Welt. *Tgl. 8.30–21 Uhr | Weinbergsweg 1 a | Tel. 20 00 39 39 | www.circus-berlin.de | U 8 Rosenthaler Platz | Mitte*

MAL SO MAL SO [161 D4]

In dem gemütlichen Stübchen gibt es frisch gepressten Orangensaft für

2,50 Euro, Frühstück ab 4,90 Euro, und der Caffe Crema kostet nur 1,80 Euro. Auch die leckere Kürbis-Ingwer-Suppe für 4,30 Euro ist mehr als ihren Preis wert. Ideal nach einem Bummel durch das dörfliche Neukölln am historischen Richardplatz mit Scheunen und Schmiede. *Di–So 10 bis mind. 21 Uhr (max. 1 Uhr) | Böhmische Str. 14 | Tel. 53 08 08 29 | S 41, 42 Sonnenallee | Neukölln*

MEILENSTEIN [139 E1]

Touristen und die Huren von der Oranienburger kehren ganz in der Nähe vom Hackeschen Markt gerne ein, um einen großen Teller Kartoffeleintopf mit Würstchen (5,30 Euro) zu essen oder sich für 5,30 Euro einen Germknödel mit Vanillesoße zu gönnen. Eine günstige Adresse an diesem Ort! *Tgl. 12–2 Uhr | Oranienburger Str. 7 | Tel. 282 89 95 | www.meilenstein-berlin.de | S 3, 5, 7, 75 Hackescher Markt | Mitte*

MORGENBROT [152 B1]

Eigentlich eine Bäckerei, aber an den Stehtischchen kann man auch vor Ort frische Schoko-Croissants für 1 Euro oder ein lecker belegtes Ciabatta für ca. 1,50 Euro genießen, dazu einen Pott Kaffee für 1 Euro – besser kann eine Pause in Friedrichshain kaum gelingen. *Mo–Sa 7–17, im Sommer bis 19 Uhr | Boxhagener Str. 117 | Tel. 0163/132 20 42 | U 5 Frankfurter Tor | Friedrichshain*

TU-HOCHHAUS [136 C1] Insider Tipp

Kaffee mit Ausblick! Im 20. Stockwerk eines Hochhauses mit Fakultäten der Technischen Universität können Sie günstig Kaffee aus dem Automaten trinken (Selbstbedienung), Kuchen zu Bäckerpreisen schlemmen und dabei die prima Aussicht auf Siegessäule und Brandenburger Tor genießen. Am Wochenende geschlossen. *Mo–Fr 7.30–16.15 Uhr | Ernst-Reuter-Platz 7 | U 2 Ernst-Reuter-Platz | Charlottenburg*

WEINEREI [144 C4]

Der Kaffee geht für 1 Euro über den Tresen, selbst gebackener Kuchen kostet dasselbe, Sie können aber auch mehr zahlen, denn hier gibt jeder, was er für angemessen hält. Ausrangierte Sessel und Sofas nebst Wohnzimmertischen nehmen junge wie sparsame Zeitgenossen dabei gerne in Kauf. Abends gibt es ein Essen, deftige Küche wie Schweinebraten mit Rosen-

> *www.marcopolo.de/berlin*

ESSEN & TRINKEN

kohl. Häufig voll und manchmal nicht sehr sauber. *Tgl. 10–24 Uhr | Veteranen-/Ecke Fehrbellinerstr. | Tel. 440 69 83 | www.weinerei.com | Tram 12 Zionskirchplatz | Mitte*

WOHNZIMMER [145 D2]

Ein Renner ist das Kaffeegedeck für 2,90 Euro mit Biocroissant und einem Heißgetränk. Wer lieber Mitgebrachtes essen will, kann sich ebenfalls häuslich niederlassen, Besteck und Teller werden kostenlos bereitgestellt! Getränke müssen allerdings geordert werden. Das Sammelsurium an Omas Möbeln, gemixt mit modernen Lampen und Bier aus der Flasche erfreut sich besonders unter jungen An-

wohnern großer Beliebtheit. Es gibt auch ein extra Zimmer für Raucher. *Tgl. 9–4 Uhr | Lettestr. 6 | Tel. 445 54 58 | Tram 12 Raumerstraße | Prenzlauer Berg*

ZIMT & ZUCKER [138 B2]

Ein Paradies für Schleckermäuler: Frische Waffeln mit Zimt und Zucker (4,10 Euro) oder Schmalzstulle (3,90 Euro) bekommen Sie in dem gemütlichen Altbaucafé noch um 20 Uhr, und auch das reichhaltige Frühstück ab 5,50 Euro wird bis zum Abend serviert. Ein guter Ausgangspunkt für Touren ins benachbarte Regierungsviertel oder die quirlige Friedrichstraße. *Tgl. 9.30–22, im*

CLEVER!

> *Zwei Gerichte oder Drinks zum Preis von einem*

Wer häufige Restaurantbesuche plant, sollte sich ein Gutscheinheft kaufen. Unter dem Motto „Zwei Gerichte zum Preis von einem" können Sie so in vielen Lokalen der Stadt kräftig sparen. Zum Beispiel mit dem Berlin-Scheckheft für 7,50 Euro. Es ist ein Jahr lang gültig und bietet viele Ermäßigungen (bis zu 50 Prozent!) auf Restaurant-, Theater-, Konzert- oder Sporteventbesuche. Das Heft ist online erhältlich und wird innerhalb Deutschlands versandkostenfrei zugeschickt *(www.berlinscheckheft.de)*. Günstig ins Restaurant kommt man auch mit der Rabatt-Internetplattform Dealzeit. Hier werden tagesaktuell Essen oder Drinks zu Schnäppchenpreisen verkauft *(www.dealzeit.de)*.

54 | 55

Winter bis 21 Uhr | Schiffbauerdamm 12 | Tel. 81 01 08 58, | www.zimtund zucker.com | U-/S-Bahn Friedrichstraße | Mitte

IMBISS

BURGERMEISTER [152 A3]

Die besten Burger weit und breit werden unter der Hochbahntrasse in einem ehemaligen Pissoir verkauft. Für ca. 3,90 Euro bekommen Sie eine riesige Portion Hackbrötchen mit Salat und leckerer Soße. Das hat allerdings seinen Preis, nämlich häufig bis zu 30 Minuten Wartezeit, bis man dran ist. *Mo–Sa ab 11, So ab 15 Uhr | Oberbaumstr. 8 | kein Tel. | U 1 Schlesisches Tor | Kreuzberg*

CURRY 36 [158 A2]

Lange Schlangen zeugen vom super Preis-Leistungs-Verhältnis dieser Wurstbude. Die Curry-Variante kostet schlanke 1,50 Euro, Pommes dazu bekommen Sie für 1,30 Euro, und wer eher auf solide Kost steht, nimmt die Erbsensuppe mit Würstchen für 2,50 Euro. Gegessen wird im Stehen, und das bis tief in die Nacht. *Tgl. 9–5 Uhr | Mehringdamm 36 | Tel. 251 73 68 | U 6, 7 Mehringdamm | Kreuzberg*

FISCHFABRIK [145 D3]

Hört sich rau an, ist aber ein angesagtes Bistro mit Stehtischen und Barhockern, um günstig Austern zu naschen. Für 6,50 Euro genießen Sie Austern auf Eis und ein Glas Weißwein. Auch lecker: großer Saisonsalat mit Garnelenspießen vom Grill, Aioli, Knoblauchbrot für 7,50 Euro. *Mo–Sa 10–22, So 14–22 Uhr | Danzigerstr. 24 | Tel. 64 31 45 81 | www. fischfabrikberlin.de | Tram 10 Husemannstraße | Prenzlauer Berg*

HÜHNERHAUS 36 [159 F1]

Brathähnchen vom Besten: Schon von Weitem sieht man an dem Menschenauflauf, dass es hier etwas Leckeres geben muss, nämlich eines der besten Grillhähnchen der Stadt, samt Pommes oder Salat für 3,75 Euro. Bei gutem Wetter nimmt man sein Essen am besten mit in den benachbarten Görlitzer Park und setzt sich dort in die Sonne. *Tgl. ab 9 Uhr | Görlitzer Str. 1 | Tel. 0163/471 78 54 | www.hühnerhaus.com | U 1 Görlitzer Bahnhof | Kreuzberg*

LUXA [145 D5]

Frische Falafel mit Salat für nur 2,90 Euro, dazu kostenlosen Tee

> **www.marcopolo.de/berlin**

ESSEN & TRINKEN

soviel Sie mögen – nach einem Kneipenbummel entlang der Torstraße können Sie sich hier bestens auf orientalische Art stärken. Am Fenster haben Sie einen prima Blick auf das Getümmel der großen Kreuzung vor der Tür. *Tgl. 10–3 Uhr | Torstr. 56 | Tel. 0171/187 11 10 | U 2 Rosa-Luxemburg-Platz | Mitte*

Insider Tipp MARKTHALLE MARHEINEKEPLATZ [158 B3]

13 verschiedene Imbissstände unter einem Dach – da kommt Appetit auf. Wer gern günstig in ein Biohüftsteak (8,50 Euro) beißen will, ist hier genauso richtig wie Liebhaber der guten alten Bockwurst mit Brot für nur 1,60 Euro. Vegetarier werden mit Salaten und Falafel glücklich. Nachteil: Sitzplätze gibt es fast nur draußen (bei schönem Wetter). Drinnen wird meistens an Stehtischen gegessen. *Mo–Fr 8–20, Sa 8–18 Uhr | Marheinekeplatz | Tel. 61 28 61 46 | U 7 Gneisenaustraße | Kreuzberg*

MUSTAFAS GEMÜSE-KEBAP [158 A2–3]

Vegetarier haben endlich einen Grund einen türkischen Imbiss zu besuchen.

Macht glücklich: Hausgemachtes gibt's im Zimt & Zucker am Schiffbauerdamm

56 | 57

In die Brottasche wird statt Kalb- oder Hühnerfleisch gegrilltes Gemüse und Salat gefüllt (ca. 2,50 Euro). Auch Schafskäse schmeckt, der freundliche Verkäufer erfüllt alle Wünsche zum kleinen Preis (Pommes 1 Euro!). Da der Verkehr des Mehringdamms unmittelbar vorbeibraust, sollte man sich das Essen lieber einpacken lassen und am Kreuzberg (S. 40) picknicken. *Tgl. 10–2 Uhr | Mehringdamm 32 | www. mustafas.de | U 6, 7 Mehringdamm | Kreuzberg*

ROSENTHALER [144 B4]

Guter Döner-Kebap (2,90 Euro), aber auch das Grillhähnchen mit Pommes und Salat (3,80 Euro) ist beliebt. Sie sitzen wie in einem geräumigen Restaurant im mediterranen Stil, allerdings mit Selbstbedienung. Pizza, Börek und Pide werden im Steinofen gebacken. *Tgl. 10–2 Uhr | Torstr. 125 | Tel. 28 39 09 28 29 | U8 Rosenthaler Platz | Mitte*

KANTINEN UND MENSEN

CASINO BERLINER ENSEMBLE [138 B1]

Schauspieler stärken sich mit einem Szegediner Gulasch oder einer Thüringer Rostbratwurst mit Kartoffelpürree. Die deftige Hausmannskost

für 2,50 bis 4,60 Euro im Souterrain des Theateranbaus wird aber auch für Sie gekocht. Vier verschiedene Gerichte stehen täglich zur Auswahl, die an der Essensausgabe abgeholt werden. In gemütlicher Bistro-Atmosphäre kann man seinen Hunger stillen und sich unter Künstler und Theaterpublikum mischen. *Tgl. 9–24 Uhr | Bertold-Brecht-Platz 1 | Tel. 28 40 81 17 | U-/S-Bahn Friedrichstraße | Mitte*

GREENS [160 C3]

Gut essen und gleichzeitig etwas für die Berliner Jugend tun: Das Projektrestaurant im Olympiapark bildet Jugendliche zu Küchenpersonal aus. Diese zaubern täglich zwei Hauptgerichte für 4 bis 5 Euro. Die Tasse Kaffee kostet nur 1,20 Euro. Für Besucher des Olympiastadions oder des 77 m hohen Glockenturms ein prima Ort, um sich zu stärken. *Mo–Fr 12–14.30 Uhr | Im Friesenhof, Block 6 | Tel. 33 93 77 87 | S 5 Olympiastadion | Charlottenburg*

KANTINE KREUZBERG [158 A2]

Insider Tipp

Essen mit tollem Ausblick ist im Obergeschoss des ehemaligen Rathaus von Kreuzberg (10. Stock) eine

> *www.marcopolo.de/berlin*

ESSEN & TRINKEN

leckere Angelegenheit. Das Essen ist deftig, aber auch mal mediterran (ca. 2,30–5,50 Euro), fünf verschiedene Gerichte – darunter ein vegetarisches – stehen täglich zur Auswahl. Sehr gut schmecken die Eintöpfe. *Mo–Fr 7–15, Mittagessen ab 11.30 Uhr | Yorckstr. 4–11 | Tel. 251 63 46 56 | www.kantine-kreuzberg.de | U 6, 7 Mehringdamm | Kreuzberg*

KUK KANTINE IM ABGEORDNETENHAUS [138 B5]
Den Berliner Abgeordneten auf der Spur! In der KuK Kantine gibt es Hausmannskost (ca. 4–6 Euro), die erstaunlich leicht wirkt und teilweise mit Biozutaten zubereitet wird. Kleiner Haken: Abgeordnete und Mitarbeiter des Hauses werden bevorzugt bedient zwischen 11.30 und 13 Uhr. An Sitzungstagen des Berliner Abgeordnetenhauses ist die Kantine von 11.30 bis 13.15 Uhr für Besucher geschlossen. Tipp: Sie können hier auch günstig frühstücken, und vielleicht setzt sich dabei ein bekannter Berliner Politiker an Ihren Tisch. *Mo–Do 7.30–16, Mittagessen 11.30–15 Uhr, Fr 7.30–15, Mittagessen 11.30–14 Uhr | Niederkirchnerstr. 5 | Tel. 23 25 19 45 | www.widynski-ro*

ick.de| U-/S-Bahn Potsdamer Platz | Mitte

MENSA NORD [143 F5]
Die hungrigen Studenten und Angestellten der Humboldt-Universität lieben die gesundheitsbewusste Küche ihrer Mensa. Aber auch Besucher sind hier jederzeit willkommen. Serviert wird Exotisches wie Kokoshuhn und zusätzlich jeden Tag ein Bioessen (ca. 2–5 Euro). Im Sommer lockt die schöne Terrasse. Der Haken: Bezahlung ist nur bargeldlos mit der Mensacard (Aufladung ab 5 Euro) möglich, die sie am Eingang an einem Automaten kaufen können. Fragen Sie am besten einen Studenten oder eine Studentin, ob er oder sie Ihr Essen mitbezahlt und geben Sie ihm/ihr das Geld bar. *Mo–Fr 8–18, Mittagessen 11.15–14.30 Uhr | Hannoversche Str. 7 | U 6 Naturkundemuseum | Mitte*

SCHMUCK'S RESTAURATION [151 D3] *Insider Tipp*
Das Backhendl mit Pommes (ca. 4,70 Euro) ist ein Traum, aber auch sonst ist die Kantine mittags eine der besten Adressen, um schnell und günstig essen zu gehen. Die Besitzerin kommt aus der Steiermark, weshalb es häufig Tafelspitz und Wiener

Gulasch gibt und natürlich Apfelstrudel. Schlichte Restaurantatmosphäre mit wechselnden Ausstellungen. *Mo–Fr 7–18, Mittagessen ab 11.30 Uhr | Am Köllnischen Park 1 | Tel. 22 33 65 17 | www.schmucks-restauration.de | U 8 Heinrich-Heine-Straße | Mitte*

THEATERKANTINE IN DER VOLKSBÜHNE [151 D1]

Hier speisen vor allem Schauspieler und Techniker des Theaters, aber auch Gäste sind willkommen. Die Kantine mit derben Holztischen ist zwar nicht gerade für kulinarische Meisterleistungen bekannt, aber wer solide Hausmannskost (ca. 2,80–4,10 Euro) mag, wird glücklich. Prima sind die italienischen Kaffeespezialitäten und der hausgebackene Kuchen. Einfach beim Pförtner klingeln, dann links eine Treppe abwärts. Die Kantine befindet sich im Souterrain. *Tgl. 8–24, Mittagessen 11.30–14 Uhr | Linienstr. 227 | Tel. 61 74 24 42 | U 2 Rosa-Luxemburg-Platz | Mitte*

RESTAURANTS

AMPELMANNRESTAURANT [139 D1]

Günstig essen am Ufer der Spree! Das kinderfreundliche Lokal in den S-Bahnbögen hat die besten Mittagspreise weit und breit: Alle Pizzen kosten dann nur 5 Euro, eine Kinderpizza sogar nur 4 Euro oder ein täglich wechselndes Hauptgericht ca. 7,50 Euro. Ein Hit für Kinder sind die Ampelmannnudeln mit Tomatensoße für 3,50 Euro. Dazu gibt's einen freundlichen Service, auch draußen mit Blick auf die Spree. *Tgl. 10–22 Uhr | Stadtbahnbogen 159–160 | Tel. 84 71 07 09 | www.ampelmann.de | S-Bahn Hackescher Markt | Mitte*

CAFÉ ROSSIA [147 D5]

Im S-Bahnhof Charlottenburg duftet es nach Blini, Borschtsch und Pirogen: Im schlicht eingerichteten, russischen Selbstbedienungsrestaurant können Sie schon für 2,50 Euro Tschebureki, das sind Teigtaschen mit Lammfleisch, essen. Eine Portion Vareniki, Maultaschen gefüllt mit Kartoffeln, Quark oder Kirschen, gibt es für 4,80 Euro. Sonniges Lokal mit Aussicht auf den Vorplatz, 24 Stunden geöffnet! Nebenan werden russische Lebensmittel und Getränke in einem Supermarkt verkauft. *Tgl. 0–24 Uhr | Stuttgarter Platz 36 | Tel. 23 27 20 22 | S 3, 5, 7 Charlottenburg | Charlottenburg*

> *www.marcopolo.de/berlin*

ESSEN & TRINKEN

Insider Tipp **CUM LAUDE** [139 D2]

Ein echter Geheimtipp: Im Restaurant der Humboldt-Universität können auch Besucher Platz nehmen. Wer keinen Mensa-Lärm verträgt und trotzdem in der Nähe der Uni hungrig wird, isst hier gut und preiswert – besonders Mo–Fr mittags, da kostet das Tagesgericht ca. 5,90 Euro. Zum Beispiel gefüllte Hähnchenkeule mit Basilikum-Schwarzwurzelragout und Pestokartoffeln. *Tgl. 12–24 (Küche bis 22 Uhr), günstiges Mittagsgericht Mo–Fr 11.30–15 Uhr | Platz der Märzrevolution | Tel. 208 28 83 | www.*

Im Ampelmannrestaurant beim Hackeschen Markt können Sie prima Pizza und Pasta essen

60 | 61

cum-laude.info | U-/S-Bahn Friedrichstraße | Mitte

DEFNE [159 D2]
Das türkische Restaurant am Landwehrkanal punktet mit leckeren und günstigen Grillgerichten, Suppen und Weinen aus Anatolien. Die Einrichtung ist schlicht und mediterran inspiriert, im Sommer lockt der Biergarten unter Bäumen. Vegetarier werden ebenfalls glücklich, zum Beispiel mit einer roten Linsensuppe nach anatolischer Art, serviert mit Pide für nur 4 Euro. *Tgl. ab 17, im Sommer ab 16 Uhr | Planufer 92 c | Tel. 81 79 71 11 | www.defne-restaurant.de | U 8 Schönleinstraße | Kreuzberg*

DINEA RESTAURANT [139 F1]
Der Ausblick auf den Alexanderplatz vom Obergeschoss des Kaufhofs ist grandios. Obendrein wird in dem Selbstbedienungsrestaurant solide Küche aus aller Welt für rund 5 bis 8 Euro (bezahlt wird nach Gewicht) geboten. Die moderne, freundliche Einrichtung, lässt vergessen, dass man sich in einem Kaufhaus befin-

CLEVER!
> *Essen in der Fleischerei*

Es gibt sie noch, die Fleischer mit Imbiss, in denen man günstig und so gut wie ehemals bei Mutter satt wird. In der Fleischerei Naesert *(Mo–Fr 8–18 Uhr | Koppenstr. 41–42 | Tel. 427 39 42 | U 5 Straußberger Platz | Friedrichshain* [151 F2]*)* etwa wartet Eisbein mit Erbspüree oder ungarisches Kesselgulasch auf hungrige Gäste – und das zum günstigen Imbisstarif von ca. 4 Euro. Lecker sind auch die deftigen Eintöpfe (2 Euro). Ideal nach einem Spaziergang über die Karl-Marx-Allee, Berlins interessantesten Boulevard. Handfeste Hausmannskost zum kleinen Preis gibt es auch in der Fleischerei Domke *(Mo–Fr 6.30–22, Sa 7.30–22, So 10–22 Uhr | Warschauer Str. 64/Ecke Kopernikusstr. | Tel. 291 76 35 | U-/S-Bahn Warschauer Straße | Friedrichshain* [152 B2]*)*. Zum Beispiel Blutwurst mit Stampfkartoffeln und Sauerkraut für 3,80 Euro. Eine gute Grundlage für eine Kneipentour im Friedrichshainer Szenekiez.

> *www.marcopolo.de/berlin*

ESSEN & TRINKEN

Insider Tipp

det. Tipp: Die ~~zweite Tasse Kaffee kostet nur 1 Euro!~~ *Mo–Mi 9.30–20, Do–Sa 9.30–22 Uhr | Alexanderplatz 9 | Tel. 24 74 37 48 | U-/S-Bahn Alexanderplatz | Mitte*

GAMBRINUS [150 B1]

Berliner Küche, wie sie besser und deftiger kaum sein kann: Hier bekommen Sie Kassler oder Eisbein mit Erbspüree für nur 10,90 Euro. Wer es einfacher mag, nimmt die Currywurst oder die gute alte Bulette mit Zwiebeln und Brot für jeweils 4 Euro. Gemütliches Lokal mit Kneipencharakter. *Tgl. 12–2 Uhr | Krausnickstr. 1 | Tel. 282 60 43 | www.gambrinus-trifft-bacchus.de | U 6 Oranienburger Tor | Mitte*

JOSEPH ROTH DIELE [149 E5]

Schlicht und deftig, aber gut, ist das Motto dieser Kneipenküche. Schnitzel, Gulasch und Eintöpfe sind nicht nur preiswert, sondern auch lecker (ca. 6–10 Euro). Wer lieber Stullen mag, kann zwischen vielen verschiedenen Varianten wählen, die Schmalzstulle aus selbstgebackenem Brot kostet nur 2 Euro. Joseph Roth war ein bekannter Autor (1894–1939). *Tgl. 10–24 Uhr | Potsdamer Str. 75 | Tel.*

26 36 98 84 | *www.joseph-roth-diele. de | U 1 Kurfürstenstraße | Tiergarten*

LAVANDERIA VECCHIA [159 E5]

Insider Tipp

Gemütliche Trattoria in einer ehemaligen Wäscherei im zweiten Hinterhof. Zum Festpreis von 58 Euro inklusive Mineralwasser, einer halben Flasche Wein oder zwei Bier bzw. Softdrinks, Kaffee und Digestif wird abends um halb acht ein leckeres, mehrgängiges Menü serviert. Mittags gibt es schon ab 5,50 Euro frische Pasta sowie ein dreigängiges Menü für 10 Euro. *Di–Fr 12–14.30 u. 19.30–24, Sa 19.30–24 Uhr | Flughafenstr. 46 | Tel. 62 72 21 52 | www. lavanderiavecchia.de | U 8 Boddinstraße | Neukölln*

LOUIS [159 E3]

Hier ist das Schweineschnitzel das Highlight: Mit einem Durchmesser von 46 cm und einem Gewicht von 1,2 kg (!) bietet das Louis das wohl größte Schnitzel Berlins. Die riesige Portion vom Format zweier Teller (mit Pommes frites für 15,90 Euro) ist selbst zu zweit kaum zu schaffen. Ist immer noch etwas übrig, reicht einem die freundliche Bedienung gerne ein Stück Alufolie zum Einpacken. Schlichte, funktionale Einrichtung, im Sommer sitzen Sie am schönen Richardplatz. Wenn Sie einen Besuch am Abend planen, sollten Sie unbedingt reservieren, da das Lokal häufig ausgebucht ist! *Tgl. 11–23 Uhr | Richardplatz 5 | Tel. 681 02 10 | U 7 Karl-Marx-Straße | Neukölln*

MANDELMOND [159 E3]
Sonntagabends lockt der Braten für 9 bis 12 Euro mit üppigen Beilagen. Freitags gibt es einen wechselnden Mittagstisch für 3 bis 5 Euro mit schwäbisch angehauchter deutscher Küche, z. B. Maultaschen mit Kasslerstreifen und Salat. Einfaches Mobiliar, aber sehr gemütlich. Wechselnde Ausstellungen, extra Raucherzimmer. *Sa–Do ab 18, Fr 12–15 u. 19–1 Uhr | Winsstr. 72 | Tel. 448 30 95 | Tram M 1 Metzer Straße | Prenzlauer Berg*

MANNGO [150 C1]
Vietnamesische Nudelsuppen (ca. 4–6 Euro), Shrimps in Reispapier mit Erdnusssoße sowie die besten frisch gepressten Fruchtsäfte (0,3 l ca. 2–3 Euro) weit und breit hält das winzige Lokal für seine Gäste bereit. Das schlichte Ambiente macht

der freundliche Service wett. Trotz der teuren Lage preiswert und gut. *Mo–Fr 12–24 Uhr, Sa 13–24 Uhr | Mulackstr. 29 | Tel. 28 04 05 58 | www.manngo.de | U 8 Weinmeisterstraße | Mitte*

MERCAN [159 E2]
Türkische Hausmannskost in einfacher, aber sehr gastfreundlicher Atmosphäre: Besonders beliebt sind die weißen Bohnen, gegrilltes Gemüse, Lammgerichte, Buletten und Milchreis nach türkischer Art. Preisschnäppchen: das täglich wechselnde Menü mit Hauptgericht, Salat und wahlweise Tee oder Wasser für nur 6 Euro. *Tgl. 11–22 Uhr | Wiener Str. 10 | Tel. 61 28 58 41 | U 1 Görlitzer Bahnhof | Kreuzberg*

NORD SUD [150 B1]
In diesem einfachen französischen Lokal serviert man Ihnen für nur 7,50 Euro ein dreigängiges (!) Menü. Wer keinen Käse mag, wird hier allerdings nicht ganz glücklich. Die französischen Camemberts dominieren die Raumluft und riechen mitunter streng. Dafür gibt's einen freundlichen Wirt, der auch selbst am Herd steht. *Mo–Sa 11–24 Uhr | Auguststr.*

> www.marcopolo.de/berlin

ESSEN & TRINKEN

87 | Tel. 97 00 59 28 | U 6 Oranienburger Tor | Mitte

RASTSTÄTTE GNADENBROT [156 C2]

Im Selbstbedienungsrestaurant gibt es deftige deutsche Küche zum fairen Preis, z.B. Käsespätzle mit Salat für 6,50 Euro. Oder wie wäre es mit einer großen Schüssel Eintopf mit Würstchen für 3,90 Euro? Der täglich wechselnde Mittagstisch kostet 5,90 Euro. Warme Mahlzeiten werden am Wochenende bis Mitternacht, werktags bis 23.30 Uhr aufgetischt. Hier fühlen Sie sich wie in einer Autobahnraststätte – kultig! *Tgl. ab 9 Uhr | Martin-Luther-Str. 20 a/Ecke Motzstr. | Tel. 21 96 17 86 | www.raststaette-gnadenbrot.de | U 1, 2 Nollendorfplatz | Schöneberg*

REPKE SPÄTZLEREI [147 F5]

Leckere süddeutsche Küche für den kleinen Geldbeutel, etwa Käsespätzle für 4,90 Euro oder Maultaschen mit Kartoffelsalat für 5,90 Euro. Jeder Tag ist einem bestimmten Gericht gewidmet, das es an diesem Tag von 11.30 bis 15.30 Uhr extra günstig gibt. Tipp für Spätaufsteher: Montag

CLEVER!

> Schlemmen unter Bäumen: Picknick im Park

Günstiger geht's nicht: Kaufen Sie einfach im Supermarkt alles ein, was Sie für ein ordentliches Picknick brauchen, z.B. Kartoffelsalat, Buletten, Spreewälder Gurken und Fladenbrot. Dazu Fassbrause, Bier oder Berliner Weiße – und fertig ist das kalte Büfett à la Berlin. Die schönsten Picknickplätze befinden sich auf dem Kreuzberg (S. 40) im Tiergarten (S. 43) oder im Volkspark Friedrichshain (S. 45). In Letzterem gibt es am Schwanenteich den Biergarten Schönbrunn *(März-Sept. tgl. ab 12 Uhr | Tel. 453 05 65 25* [145 F5]*)*, in dem Sie als Ergänzung preiswert Pizza oder Bier ordern können. Cool ist auch ein Picknick oben in der Kuppel vom Reichstag (S. 40). Nach gelungenem Aufstieg, können Sie sich hier auf den Bänken niederlassen und Ihr ganz persönliches Gipfelfest feiern, z.B. zünftig mit belegten Broten und Kaffee aus der Thermoskanne. Glasflaschen sind allerdings nicht erlaubt.

64 | 65

bis Freitag von 16 bis 18 Uhr gibt es alle Mittagsgerichte zum halben Preis! *Tgl. ab 11.30 Uhr | Bleibtreustr. 46 | Tel. 88 71 86 72 | www.spaetzlerei.de | S 5, 7, 75 Savignyplatz | Charlottenburg*

SPAGHETTI WESTERN [144 B5]

Cooles Lokal mit derben Holztischen, Szenepublikum und schlichten, aber leckeren Pastagerichten. Die Nudelsoßen sind hausgemacht, Spaghetti mit Knoblauch, Pepperoni und Olivenöl gibt es schon für 5 Euro. Auch sehr lecker: Ruccolasalat mit Birnenscheiben und Pecorino für 7,90 Euro. Mittagstisch *(12–16 Uhr)* inklusive Softgetränk. *Mo–Fr ab 12, Sa ab 18 Uhr | Torstr. 179 | Tel. 20 33 90 11 | www.spaghettiwestern.de | S 1, 2, 25 Oranienburger Straße | Mitte*

TAVERNA APOLLON [145 E3]

Zum besonders günstigen Mittagstarif (5,50 Euro) können Sie in diesem Ecklokal von Montag bis Freitag ein Gericht Ihrer Wahl essen. Lecker ist die Spezialplatte Saloniki mit Souvlaki, Gyros, Lammkotelett und Rinderleber mit Salat. Zur Rechnung gibt's einen Schnaps aufs Haus. Gemütliche Einrichtung im typischen Tavernendesign, freundliche Bedienung. *Mo–Do, So 12–24, Fr, Sa 12–1 Uhr | Danziger Str. 72/Prenzlauer Allee | Tel. 442 61 04 | www.taverna-apollon.de | Tram M 2 Danziger Str./Ecke Prenzlauer Allee | Prenzlauer Berg*

WIRTSHAUS HASENHEIDE [159 E4]

Gut und günstig, um werktags oder am Wochenende in den Tag zu starten. Für nur 4,90 Euro kann man sich am Büfett *(9–14 Uhr)* bedienen so lange der Magen mitmacht. Am besten am Wochenende reservieren, denn das faire Angebot hat sich herumgesprochen. Zum Mittagessen empfiehlt sich eine knusprige Grillhaxe für nur 8,90 Euro. Oder wie wäre es mit einer deftigen Berliner Kesselgulaschsuppe? Super-Kombi: Eisbein mit Fasssauerkraut, Salzkartoffeln und Erbspüree, inklusive 0,5 l Bier und 2 cl Korn für nur 12,90 Euro! Danach können Sie einen Verdauungsspaziergang zum nahe gelegenen Tempelhofer Flugfeld (S. 39) unternehmen. *Di–Sa 9–2, So, Mo 9–24 Uhr | Hasenheide 18 | Tel. 69 51 51 58 | U 7, 8 Hermannplatz | Kreuzberg*

Bild: Im Spaghetti Western schmeckt es nicht nur Großstadtcowboys

ESSEN & TRINKEN

Sie möchten die Sterne-Restaurants der Stadt erkunden, ohne dabei arm zu werden? Probieren Sie einfach die Mittagsmenüs, einige Gourmettempel haben dann ein wesentlich günstigeres Angebot als am Abend, und das bei derselben Qualität. Die Weine sind nicht günstiger, weshalb Sie es bei einem Glas belassen sollten. In der Schlemmeretage von KaDeWe und Galeries Lafayette sitzen Sie zwar nur an Tresen, dafür sind Edel-Sushi und Hummer preiswerter als im Feinschmeckerrestaurant.

FACIL [149 E4]

Mittags wird im 1-Sterne-Lokal von Küchenchef Michael Kempf Bauer Beuthes Wollschwein mit Pastinake, Radicchio und Hibiskus für 19 Euro serviert. Ein viergängiges Menü ist schon für 56 Euro (abends für 96 Euro) zu haben. Highlight ist das Dach, das im Sommer wie beim Cabriolet teilweise weggeschoben werden kann. Sie speisen dann unter freiem Himmel! *Mo-Fr 12-15, 19-23 Uhr | Potsdamer Str. 3 | Tel. 590 05 12 34 | www.facil.de | U-/S-Bahn Potsdamer Platz | Tiergarten*

FISCHERS FRITZ [138 C3]

Im 2-Sterne-Restaurant von Küchenchef Christian Lohse können Sie in einem sehr festlichen Ambiente bereits ab 24 Euro u. a. Filet von der Rotbarbe mit provenzalischem Kartoffelpüree und Safran-Krustentierjus genießen. Zwei Gänge kosten mittags nur 35 Euro, drei Gänge 47 Euro (abends ca. 115 Euro). Die Abendkarte bietet allerdings mehr Auswahl. *Tgl. 12-14, 18.30-22.30 Uhr, Charlottenstr. 49 | Tel. 20 33 63 63 | www.fischersfritzberlin.de | U 6 Französische Straße | Mitte*

GALERIES LAFAYETTE [138 C3]

Im Untergeschoss des französischen Kaufhauses erwartet Sie ein Schlaraffenland aus französischen Spezialitäten, die Sie auch gleich vor Ort genießen können. Wie wäre es etwa mit La Beaujolaise, einer Platte mit Schinken und Saucissons aus dem Beaujolais inklusive Baguette, Cornichons und grünem Salat für 8,90 Euro? Sie können auch Austern schlürfen (Stück ca. 2 Euro) und dazu ein Glas Champagner (ca. 5 Euro) goutieren. Die Atmosphäre ist ein wenig

ESSEN & TRINKEN
LUXUS LOW BUDGET

unruhig, weil ringsum Kunden einkaufen, dafür sind die Spezialitäten im Vergleich zum Edelrestaurantbesuch günstig. *Mo–Sa 10–20 Uhr | Französische Str. 23 | Tel. 20 94 80 | www.galerieslafayette.de | U 6 Französische Straße | Mitte*

KADEWE   [137 F4]
Die Schlemmeretage des Nobelkaufhauses ist weltberühmt! Hier haben Sie die Wahl zwischen dreißig verschiedenen Gourmetständen. Internationale Stars, u. a. Paul Bocuse und Lenôtre aus Frankreich, haben Dependancen. Die Lenôtre-Torten (Stück ca. 5 Euro) sind ein Traum! Auch Sushi können Sie in hervorragender Qualität (ca. 15 Euro) genießen. Oder wie wäre es mit einem ganzen Hummer für nur ca. 27 Euro? *Mo–Do 10–20, Fr 10–21, Sa 9.30–21 Uhr | Tauentzienstr. 21–24 | Tel. 212 10 | www.kadewe.de | U 1, 2 Wittenbergplatz | Schöneberg*

ROGACKI   [147 E4]
Berlins Schnäppchen-Edelimbiss: Hier können Sie Austern essen, drei Stück plus ein Glas Wein (0,2 l) für ca.

7,65 Euro. Auch sehr lecker: italienische Scampipfanne mit Pinien-und Sonnenblumenkernen für 11,90 Euro! Die Umgebung ist allerdings nicht ganz so edel: Sie bestellen am Tresen und sitzen auf Hockern. Um die Mittagszeit ist es hier so voll, dass man kaum einen Platz erwischt. *Mo–Mi 9–18, Do 9–19, Fr 8–19, Sa 8–16 Uhr | Wilmersdorfer Str. 145–146 | Tel. 343 82 50, www.rogacki.de | U-/S-Bahn Charlottenburg | Charlottenburg*

VAU   [139 D3]
Fernseh- und Gourmetkoch Kolja Kleeberg ist ein Meister seines Fachs und außerdem sehr gastfreundlich. Das schlicht gehaltene Ambiente des 1-Sterne-Lokals mit Thonet-Freischwingern und moderner Kunst passt zu Kleebergs geradliniger Menüpolitik. Mittags kostet ein Gang nur 15 bis 18 Euro, und manchmal serviert Kleeberg auch persönlich, etwa Wildschwein im „Schlafrock" mit Maronenvelouté oder Tagliatelle mit Rehragout. *Mo–Sa 12–14.30, 19–22.30 Uhr | Jägerstr. 54–55 | Tel. 202 97 30 | www.vau-berlin.de | U 6 Französische Straße | Mitte*

> Schnäppchenstadt, Flohmarktparadies und Outlet-City – Berlin kann sich mit vielen Titeln brüsten. Fakt ist: Beim Shoppen können Sie hier viel Geld sparen

Ein Paar Designerschuhe für unter 50 Euro, dazu den passenden Anzug oder ein edles Abendkleid für unter 100 Euro? Günstig einkaufen können Sie in Berlin an vielen Orten. Die Dichte an Shoppingcentern ist enorm, und dementsprechend groß ist die Konkurrenz der Einzelhändler, die mit Sonderangeboten locken. Aber so richtig Geld sparen können Sie, wenn Sie einen etwas weiteren Weg in Kauf nehmen und zu den Fabrikverkäufen und Outlet-Centern (S. 75) am Stadtrand fahren. Oder wie wäre es mit einem Outfit aus zweiter Hand? Berlin hat eine Vielzahl an Secondhandshops (S. 79) und Flohmärkten (S. 72), wo Sie nach Herzenslust stöbern und mitunter Markenkleidung zu winzigen Preisen erstehen können. Das gilt auch für Edelmarken wie Gucci und Co, die in Luxus-Secondhandshops (S. 82) gehandelt werden. Lassen Sie sich einfach vom Angebot überraschen. Bei derart niedrigen Preisen kann man auch mal etwas mitnehmen, was man nicht unbedingt braucht. Der neue Mantel für 50 Euro war vielleicht nicht geplant, aber er sieht sehr gut aus. Und ein bisschen Platz ist sicherlich noch in Ihrem Koffer.

SHOPPEN

DIES & DAS

BLACKDOORBEAUTY [152 B2]

Schmuck ab 3 Euro! In diesem Laden finden Sie eine riesige Auswahl an Ohrringen, Ketten, etc. Auch Buttons und Aufnäher gibt es mit vielfältigen Motiven, weshalb sich hier mitunter ganze Schulklassen tummeln. Filiale mit Piercing-Schmuck in der Kopernikusstraße 17. *Mo–Sa 12–20 Uhr | Kopernikusstr. 7a | Tel. 54 71 90 98 | www.blackdoorbeauty.com | U-/S-Bahn Warschauer Straße | Friedrichshain*

LUXUS INTERNATIONAL [144 C3]

Geschenke finden leicht gemacht: Souvenirs von Berliner Designern kriegen Sie hier schon ab 2 Euro, etwa Buttons mit „Berlin liebt dich"-Motiv oder Fotomagneten. Eine Plätzchen-Backform Brandenburger Tor gibt es für 7 Euro. Der Laden eignet sich auch, um einfach nur zu staunen, was sich Berliner Designer so alles einfallen lassen! *Mo–Sa 11–20, So 13.30–19.30 Uhr | Kastanienallee 13–14 und 84 (kleiner Laden) | Tel. 86 43 55 00 | www.luxus-international.de | U 2 Eberswalder Straße | Prenzlauer Berg*

MODULOR [150 C5] Insider Tipp

Selbst machen und Geld sparen! Mehr als 7000 ungewöhnliche Dekoartikel für Modellbau und andere Basteleien warten auf phantasievolle Kundschaft. Wer Spaß am eigenen Gestalten hat, wird hier sein Paradies entdecken. Von Pappwabenplatten über Lochbleche bis Folien in vielen Farben ist alles vorhanden. Wer Lust hat, nähen zu lernen, kann sich im integrierten Nähstudio ausprobieren. Kostenlose Vorträge und Workshops locken ebenfalls ein kreatives Publikum an. Mit Onlineshop. *Mo–Fr 9–20, Sa 10–18 Uhr | Prinzenstr. 85 | Tel. 69 03 60 | www.modulor.de | U 8 Moritzplatz | Kreuzberg*

FLOHMÄRKTE

ARKONAPLATZ [144 C3]
DDR-Nostalgiker finden hier so manches Relikt aus alten Zeiten, vorwiegend aus den sanierten Altbauten rundum. Bücher, Schallplatten und Hausrat sind dabei die Schwerpunkte. Das Publikum ist jung und urban gestylt. Wer nichts kauft, lässt sich blicken, um Freunde zu treffen und um im Anschluss in einem der Szenecafés in der Nähe ein spätes Frühstück zu verdrücken. *So 10–16 Uhr | Arkonaplatz | Tel. 0171/710 16 62 | www.troedelmarkt-arkonaplatz.de | U 8 Bernauer Straße | Mitte*

BOXHAGENER PLATZ [152 C2]
Der kleine Flohmarkt im Szenekiez mit fairen Preisen und jungem Publikum aus der Umgebung glänzt durch eine erstaunliche Vielfalt. Vom Hausrat bis zu Designer-T-Shirts können Sie hier alles kaufen. An sonnigen Tagen versammelt man sich in den Cafés am Platz, um dem Treiben der Gelegenheitshändler zuzuschauen. *So 10–18 Uhr | Boxhagener Platz | Tel. 0174/946 75 57 (nur abends) | www.boxhagenerplatz.de | U 5 Samariterstraße | Friedrichshain*

FLOHMARKT AM MAUERPARK [144 C2-3]
Partyzone und Trödel: Der größte Flohmarkt der Stadt lockt mit einem volksfestähnlichen Charakter. Musiker spielen, Bratwürste duften und Nachwuchsdesigner bieten ihre neuesten Kreationen an. Die Preise sind relativ niedrig, Feilschen gehört zum Geschäft. Klamotten und alte Schallplatten sind der Renner, aber auch Schmuck verkauft sich gut. *So 9–18 Uhr | Mauerpark, Eberswalder Straße | Tel. 29 77 24 86 | www.mauerparkmarkt.de | U 2 Eberswalder Straße | Prenzlauer Berg*

HALLENTRÖDELMARKT TREPTOW [152 B4]
In zwei großen Fabrikhallen geht es zu wie auf einem orientalischen Basar. Profihändler sitzen einge-

> **www.marcopolo.de/berlin**

SHOPPEN

pfercht zwischen Autorreifen, Messing-Türschlössern, alten Stehlampen, Omas Porzellan und vielem mehr, was der Haushalt so gebrauchen kann. Feilschen gehört zum Einkaufen dazu wie die Bratwurst am Hallenimbiss. Ein echtes Erlebnis! *Sa, So 10–16 Uhr | Puschkinallee/Am Flutgraben | S 8, 9, 41, 42 Treptower Park | Treptow*

NACHTFLOHMARKT [161 E4] Insider Tipp

Wenn es dämmrig wird, geht es im Club SO36 erst richtig los. Während an Ständen mit Trödel und coolen T-Shirts auch aus erster Hand eifrig gefeilscht wird, legen DJs einen angesagten Soundteppich darunter. *Eintritt frei | jeden 2. Mi ab 20 Uhr | Oranienstr. 190 | Tel. 61 40 13 08 | www.so36.de | U 1, 8 Kottbusser Tor | Kreuzberg*

Kunterbunte Auswahl im Hallentrödelmarkt Treptow an der Spree

TRÖDELMARKT AM 17. JUNI [137 D–E1]

Der Klassiker unter den Berliner Flohmärkten punktet besonders mit Antiquitäten und Hausrat der letzten 100 Jahre, zumindest teilweise zu recht bezahlbaren Preisen. Wer seltene CDs und Schallplatten sucht, hat ebenfalls die große Auswahl. Auch ein Blick nach nebenan ist interessant, dort verkaufen Berliner Künstler ihre Werke auf dem großen Kunstmarkt. *Sa, So 10–17 Uhr | Straße des 17. Juni | Tel. 26 55 00 96 | www.berliner-troedelmarkt.de | S 3, 5, 7, 75 Tiergarten | Charlottenburg*

MODE

LA BOND – BERLIN [144 B4]

Insider Tipp

Die günstigen Röcke und Kleider (ab 15 Euro) aus der hauseigenen Schneiderei sehen nicht nur gut aus, sie sind auch größtenteils Unikate. Die nette Modedesignerin und Schneiderin Larissa Runge berät gern und fertigt auch nach Maß an, sie hat immer jede Menge hübsche Stoffe auf Vorrat. Wer etwas Textiles reparieren lassen muss, ist hier ebenfalls an der richtigen Adresse. *Mo–Fr 11–19, Sa 11–16 Uhr | Invalidenstr. 152 | Tel. 22 68 90 77 |*

CLEVER!

> Versteigerungen

Auktionshäuser versteigern nicht nur Kunst oder Immobilien, sondern auch Fundsachen, zum Beispiel aus dem Fundus der BVG oder des Zentralen Fundbüros. Viermal im Jahr versammeln sich Hobbytrödler und Profihändler, um gefundene Mopeds, Kinderwagen, Koffer mit Inhalt, Fahrräder, Schmuck und Brille zu ersteigern. Lukrativ sind auch die Versteigerungen der Stiftung Warentest. Viermal im Jahr können Sie bei Auktionen getestete Fahrräder, Uhren oder Bohrmaschinen zum Schnäppchenpreis ersteigern. *Zentrales Fundbüro* [158 A4]: *Platz der Luftbrücke 6 | Tel. 902 77 31 01 | U 6 Platz der Luftbrücke | Tempelhof; BVG-Fundbüro* [157 D3]: *Potsdamer Str. 180–182 | Tel. 194 49 | U 7 Kleistpark | Schöneberg; Stiftung Warentest* [156 C5]: *Werdauer Weg 23 (Goindustry Auction Center) | Tel. 263 10 | www.test.de/unternehmen/versteigerungen | S 1, 41, 42, 46 Schöneberg | Schöneberg*

> www.marcopolo.de/berlin

SHOPPEN

www.la-bond-berlin.de | S 1, 2, 25
Nordbahnhof | Mitte

PECCATO   [152 C2]

Erstaunlich günstig können Sie hier
Strickpullover, Jacken und Accessoires (ab ca. 20 Euro) in dem im
klassisch englischen Stil eingerichteten Laden erstehen. Frauen, die Wert
auf dezente Mode legen, kleiden sich
hier von der Unterwäsche bis zum
Schuh komplett ein und werden dabei fachkundig beraten. Mo–Fr 12–
20, Sa 11–18.30 Uhr | Simplonstr. 6 |
Tel. 20 07 88 96 | www.peccato.de |
U-/S-Bahn Warschauer Straße |
Friedrichshain

WHO KILLED BAMBI?   [144 C2]

Mode für wilde Hilden mit Hang
zu schrillen Tops, T-Shirts und Klei-
dern. Kunstlederjacken und Röhren-
jeans vervollständigen das Rockerda-
sein in der City. Dazu gibt es viele
Accessoires, und fast alles kostet
weniger als 50 Euro. Filialen: Rosenthaler Straße 69 (Mitte) und Wüh-
lischstraße 38 (Friedrichshain). Mo–
Do 11–20, Fr, Sa 11–21 Uhr | Ebers-
walder Str. 26 | Tel. 48 49 45 74 |
www.whokilledbambi.org | U 2 Ebers-
walder Straße | Prenzlauer Berg

OUTLET & FABRIKVERKAUF ■

BECON BERLIN   [161 E3]

Anzüge direkt vom Hersteller werden
im Fabrikverkauf der Firma Becon an
den Mann gebracht. Außerdem gibt's
das passende Drumherum, wie Män-
tel, Pullover und Accessoires im klassisch eleganten Stil. Auch für Frauen
wird Businessmode angeboten. Sie
sparen beim Einkauf 30 bis 70 Prozent des normalen Ladenpreises. Ein
Becon-Laden, u.a. mit Sonderangeboten und Anzugverleih, befindet sich
in Charlottenburg, Kaiserdamm 38.
Sa 11–19 Uhr | Wühlischstr. 40–41 |
Tel. 51 64 33 01 | U-/S-Bahn War-
schauer Straße | Lichtenberg

Insider Tipp

EVELIN BRANDT   [152 C1]

Hübsche Kleider der letzten Sai-
son finden Frauen im Outlet-Shop
der Berliner Modedesignerin Evelin
Brandt. Schnitte, die ein bisschen der
Mode der 1950er-Jahre ähneln, kom-
biniert mit dezenten Farben und qua-
litativ hochwertigem Material finden
besonders Frauen jenseits der 35
klasse. Bis zu 50 Prozent Rabatt!
Mo–Fr 10–19, Sa 10–18 Uhr |
Frankfurter Allee 89 | Tel. 42 01 19
79 | www.evelin-brandt.de | U 5 Sa-
mariterstraße | Friedrichshain

KPM WERKSVERKAUF [137 D1]
Edle Teller und Tassen zum Top-Preis gibt es in bester Citylage in der Nähe des Tiergartens. Die kunstvoll bemalten Stücke der Berliner Königlich Preußischen Porzellanmanufaktur können Sie, wenn Sie kleine Schönheitsfehler nicht stören, mit bis zu 20 Prozent Rabatt einkaufen. Außerdem werden in dem Traditionsunternehmen Restposten zu Schnäppchenpreisen angeboten. *Mo–Sa 10–18 Uhr | Wegelystr. 1 | Tel. 39 00 92 15 | www.kpm-berlin.com | S 3, 5, 7, 75 Tiergarten | Tiergarten*

MARC CAIN SECOND SEASON [161 D3]
Fabriketage mit großer Auswahl an Designermode aus dem vergangenen Jahr. Frauen ab 30 mit Sinn für schlichte, tragbare Businessmode fühlen sich wohl in Kostümen, Hosen und Accessoires des internationalen Modekonzerns. Und dass die Kollektionen aus der letzten Saison stammen, tut ihrer Beliebtheit keinen Abbruch. Sie sparen bis zu 40 Prozent des vorher üblichen Ladenverkaufspreises. *Mo–Fr 10–20, Sa 10–18 Uhr | Oudenarder Str. 16 | Tel. 455 00 90 | www.marccain.de | U 9 Nauener Platz | Wedding*

MARC O'POLO [146 C3]
Von außen wirkt dieser Outlet wie ein ganz normaler Laden, drinnen lassen die Preise Schnäppchenjägers Herz höher schlagen. In Designerregalen stapelt sich Ware der vergangenen Saison sowie sonstige Angebote der Modemarke. Männer- und Frauenbekleidung, Accessoires und Schuhe sind hier bis zu 50 Prozent günstiger als im regulären Verkauf. *Mo–Fr 10–19, Sa 10–18 Uhr | Kaiserdamm 7 | Tel. 325 61 60 | U 2 Sophie-Charlotte-Platz | Charlottenburg*

TRIPPEN OUTLET [159 F1]
Schnäppchen to go: Für die Schuhe des Berliner Kultschuhlabels zahlen Sie hier teilweise nur noch die Hälfte. Der Charme einer Fabrikhalle und die etwas ramponierten Schuhkartons werden durch die gute Qualität der B-Ware wettgemacht. Solide und international gefragte Schuhmode aus Holz und Leder, handgefertigt in Zehdenick bei Berlin. *Mo–Sa 10–18 Uhr | Köpenicker Str. 187–188 | Tel. 280 75 17 | U 1 Schlesisches Tor | Kreuzberg*

ZALANDO OUTLET [151 E4]
Das Online-Shopping-Portal hat in Berlin ein echtes Schnäppchenpara-

> *www.marcopolo.de/berlin*

SHOPPEN

dies eröffnet. Wer stöbern will in der Gewerbeetage, muss sich zuvor allerdings online registrieren und dann den zugeschickten Ausweis vorzeigen. Zwei Begleitpersonen dürfen allerdings auch ohne Outlet-Card mit rein. *Mo–Sa 11–20 Uhr | Köpenicker Str. 20 | Tel. 0800 990 03 33 | Bus 147 Bethaniendamm | Kreuzberg*

SCHUHE

FUMANSCHUH [152 B2]

In diesem kleinen, preiswerten Szeneladen tritt sich die Kundschaft zuweilen fast auf die Füße, denn Pumps und Schlüpfstiefel in vielen Farben gibt es für unter 80 Euro. Witzige Accessoires, wie Gürtel in Schlangenlederoptik und Schmuck, sowie eine große Auswahl an Buttons machen den Laden vor allem für jüngere Kunden spannend. *Mo–Fr 12–20, Sa 12–18 Uhr | Kopernikusstr. 9 | Tel. 67 46 90 98 | S-/U-Bahn Warschauer Straße | Friedrichshain*

JÜNEMANNS PANTOFFELECK [144 C5] Insider Tipp

Hausschuhparadies! Niedertreter aus Thüringer Filz mit Bommeln, in Ka-

CLEVER!
> Jeans und Bücher für lau im Umsonstladen

Bücher, Kleidung oder CDs müssen nichts kosten, jedenfalls nicht, wenn man über die Schwelle des Umsonst- und Schenkladens Systemfehler tritt (**[152 C1]**, *Mo 15–18, Di, Do 15–20, Mi 16–19 Uhr | Scharnweberstr. 29 | Tel. 53 67 54 60 | www.systemfehler-berlin.de.vu | U 5 Samariterstraße | Friedrichshain*). Dort gibt es alles, was andere nicht mehr brauchen, zum Teil neuwertig, auf jeden Fall aber in einem ordentlichen Zustand. Die Idee des Ladens ist einfach: Viele Leute haben etwa einen gut erhaltenen Autokindersitz, ein doppeltes Skatspiel oder schicke, aber leider zu enge Schuhe zuhause und wissen nicht wohin damit. Andere wiederum suchen genau diese Dinge. Sie haben nichts zu verschenken? Kein Problem: Man darf sich auch etwas aussuchen und mitnehmen, wenn man nichts vorbeibringt. Geld spielt hier keine Rolle. Spenden und Patenschaften für das Projekt sind allerdings gern gesehen.

melhaaroptik oder gediegen grau stapeln sich in der kleinen Ladenwerkstatt bis unter die Decke. Die preiswerten Pantoffeln (ab 10,20 Euro) des über 100 Jahre alten Familienbetriebs sind Kult und werden via Internetshop sogar aus Australien bestellt. *Mo–Fr 9–18 Uhr | Torstr. 39 | Tel. 442 53 37 | www.pantoffeleck.de | U 2 Rosa-Luxemburg-Platz | Mitte*

LUCCICO [158 A3]

Schnäppchen und Sonderangebote gehören zum Standardprogramm dieses Schuhgeschäfts, gute Qualität ebenfalls. So sind bei Luccico schon mal edle italienische Lederstiefel von ehemals 150 auf 80 Euro heruntergesetzt. Klassische Formen, aber auch ausgefallene Modelle locken ein vielfältiges Publikum an. Weitere Fi-

Im Schuhkontor an der Schönhauser Allee finden Sie schöne Schuhe zum kleinen Preis

SHOPPEN

lialen befinden sich in der Weinmeisterstraße 12 (Mitte), Neue Schönhauser Straße 18 (Mitte) und Kopernikusstraße 18a (Friedrichshain). Im Outlet in der Oranienburger Straße 23, ebenfalls im Stadtteil Mitte, gibt es noch günstigere Modelle, allerdings bei teilweise minderwertiger Qualität. *Mo–Fr 12–20, Sa 11–20 Uhr | Bergmannstr. 8 | Tel. 691 32 57 | www.luccico.de | U 7 Gneisenaustraße | Kreuzberg*

RICCARDO CARTILLONE OUTLET [136 C3]

Designerschuhe (ab 40 Euro) aus der Vorjahreskollektion des Berliner Schuhhändlers Cartillone werden bis zu 50 Prozent reduziert verkauft. Die Stiefel, Pumps und Sandalen bestechen durch solides Leder und eine richtig gute Verarbeitung. Dafür nimmt man gern ein bisschen Discounteratmosphäre mit vielen Schuhkartons und fehlender Beratung in Kauf. Gegenüber am Savignyplatz 5 gibt es die aktuelle Schuhmode von Cartillone. *Mo–Sa 10–20 Uhr | Savignyplatz 4 | Tel. 31 50 33 27 | www.riccardocartillone.de | S-Bahn Savignyplatz | Charlottenburg*

SCHUHKONTOR [145 D1]

Hier kaufen Sie Schuhe u. a. mit Rabatt. Wer zum zweiten Mal kommt, wird mit einem fünfprozentigen Preisnachlass belohnt. Kreatives Interieur in hellen Tönen, dazu elegante und sportive Schuhe von Tamaris, Caprice und kleinen spanischen und italienischen Firmen (ab 40 Euro). Mit Kinderschuhabteilung. *Mo–Fr 12–19, Sa 11–16 Uhr | Schönhauser Allee 70 | Tel. 40 57 48 41 | www.schuhkontor-kendler.de | U-/S-Bahn Schönhauser Allee | Prenzlauer Berg*

UGO TORRINI [150 B1]

Günstige Schuhe in bester Lage! Das Schuhgeschäft im Postfuhramt bietet Stiefel (u. a. Hausmarke Torrini) für unter 100 Euro und Pumps für 70 Euro. Dabei ist die Qualität gar nicht schlecht und der Service freundlich. *Mo–Sa 12–20 Uhr | Auguststr. 77 | Tel. 24 08 81 86 | S 1, 2, 15 Oranienburger Straße | Mitte*

SECONDHAND

CALYPSO [144 C3]

Wer ausgefallene Schuhe liebt und auf vergangene Zeiten steht, ist hier richtig: Exotische Modelle der

1930er-Jahre, Pumps aus den 1950ern sowie 1980er-Jahre-Boots stapeln sich im Laden bis zur Decke. Die seltenen Kreationen (ab 50 Euro) – viele davon sind natürlich gebraucht – werden von Swing-Tänzern, Theater- und Filmteams genauso geschätzt wie von Kunden, die ein Stück Schuhgeschichte kaufen wollen. Eine weitere Filiale befindet sich in der Invalidenstraße 152 (Mitte). *Mo–Sa 12–20 Uhr | Oderbergerstr. 14 | Tel. 281 61 65 | www.calypsoshoes.com | U 2 Eberswalder Straße | Prenzlauer Berg*

COLOURS BERLIN [158 A3]

Eine ganze Fabriketage voller Kleidung! Auf 1000 m² wird Vintage- und Secondhandware angeboten. Coole 1970er- und 80er-Jahre-Fummel, aber auch Trachtenmode aus Bayern, eignen sich für Mottopartys oder den Alltag im Berliner Clubgetümmel. Bezahlt wird nach Gewicht, 1 Kilo Klamotten kostet ca. 15 Euro. Dienstags gibt es eine Happy Hour, zwischen 11 und 15 Uhr zahlen Sie 30 Prozent weniger! Eine Filiale namens Garage befindet sich in Schöneberg (Ahornstr. 2) *Mo–Fr 11–19,*

WWW.MARCOPOLO.DE

> *Inspirieren. Planen. Reisen.*

> Aktuelle Informationen, Insidertipps und Angebote zu Zielen weltweit … Und auch für Ihre Stadt zu Hause.

> Inspirierende Bilder, Videos und Reportagen aus fernen Ländern und Metropolen.

> Interaktive Karten mit Sehenswürdigkeiten, Hotels, Restaurants und weitere praktische Services.

> Persönlicher Reiseplaner: Speichern Sie MARCO POLO Tipps, ergänzen Sie diese mit Notizen und nehmen Sie Ihre persönliche Reiseplanung einfach mit. Als Ausdruck oder auf Ihrem Smartphone.

> Regelmäßig Gewinnspiele mit attraktiven Preisen.

> Bewertungen, Tipps und Beiträge von Reisenden der MARCO POLO Community: Jetzt mitmachen und kostenlos registrieren!

Abonnieren Sie jetzt den kostenlosen Newsletter unter www.marcopolo.de/newsletter und Sie erhalten das Beste von MARCO POLO wöchentlich in Ihr E-Mail-Postfach.

> *www.marcopolo.de/berlin*

SHOPPEN

Sa 12–19 Uhr | Bergmannstr. 102 | Tel. 694 33 48 | www.kleidermarkt. de | U 6, 7 Mehringdamm | Kreuzberg

HUMANA AM FRANKFURTER TOR
[152 B1]
Das größte Kaufhaus für Secondhandmode und -accessoires in Berlin bietet auf vier Etagen alles, was das Herz begehrt – vom warmen Pelzmantel bis zum Babystrampler kann man vieles günstig einkaufen. Ob einfach oder elegant, Vintage oder so gut wie neu, die Auswahl ist riesig. Treppenlaufen ist allerdings Pflicht, da es keinen Fahrstuhl gibt. Mo–Sa 10–20 Uhr | Frankfurter Tor 3 | Tel. 28 47 63 82 | www.humana.de | U 5 Frankfurter Tor | Friedrichshain

MADE IN BERLIN
[150 A1]
Coole Vintage-Fashion aus den Jahren 1960 bis 1990 auf drei Etagen. Nicht alles ist günstig, aber mittwochs von 12 bis 15 Uhr gibt es 20 Prozent Rabatt. Filiale in der Neuen Schönhauser Str. 19 (Mitte, Rabatt dienstags 12–15 Uhr). Mo–Sa 12–20 Uhr | Friedrichstr. 114 | Tel. 24 04 89 00 | www.kleidermarkt.de | U 6 Oranienburger Tor | Mitte

PONY HÜTCHEN
[159 E1]
Ein liebevoll eingerichtetes Lädchen bis unter die Decke gefüllt mit Secondhandmode, -möbeln und -küchengeräten. Hier kann man auf Zeitreise gehen und die guten alten Dinge von früher nicht nur bewundern, sondern direkt erstehen. Aber auch das stylische Kleid aus den 1980er-Jahren will anprobiert werden. Mo–Do 15–20, Fr, Sa 13–20 Uhr | Pücklerstr. 33 | Tel. 69 81 86 79 | www. pretty-stuff.de | U 1 Görlitzer Bahnhof | Kreuzberg

SPORT

DECATHLON
[139 F2]
Das Motto des französischen Sportausstatters lautet: Allen Menschen die Freude am Sport zu ermöglichen, und zwar unabhängig von Alter, wirtschaftlicher Situation oder sportlicher Leistungsstufe. Seit Frühjahr 2015 ist Decathlon in den Rathauspassagen am Alexanderplatz vertreten. Das Angebot umfasst Artikel für 70 Sportarten von A wie Alpinski bis Z wie Zehnkampf. Dem Kunden wird dabei stets das beste Preis-Leistungs-Verhältnis geboten. Mo–Sa 7–21 Uhr | Rathausstraße 5 | www.decathlon.de | U-/S-Bahn Alexanderplatz | Mitte

ARIANE [147 E5]
Sie träumen von einem Versace-Kostüm, wollen aber keine 1000 Euro dafür ausgeben? Bei Ariane, dem Edel-Secondhandshop, bekommen Sie, was in der Modewelt Rang und Namen hat. Ob Fendi, Chanel, Gucci oder Jil Sander – die Auswahl ist erlesen, und zum guten Ton des Geschäfts gehört auch eine umfassende Beratung. Zudem kann es die Fantasie beflügeln, darüber nachzudenken, welcher elegante Mensch wohl früher in dem neuen alten Fummel herumstolziert ist. *Mo–Fr 11–18.30, Sa 11–16 Uhr | Wielandstr. 37 | Tel. 881 74 36 | www.ariane-secondhand.de | S-Bahn Savignyplatz | Charlottenburg*

B5 DESIGNER-OUTLET [160 B3]
Da schlägt das Fashionherz gleich höher: Bis zu 70 Prozent reduzierte Designerware bietet das Outlet-Center im Westen Berlins mit über 100 Marken. Schnäppchen von Esprit, Nike, Valentino und Co helfen, ihren Geldbeutel spürbar zu entlasten. Meistens kauft man dann mehr ein, als geplant. *Mo–Do 10–19, Fr, Sa 10–20 Uhr | Alter Spandauer Weg 1 | Tel. 033 234/90 40 | www.designeroutlet berlin.de | RE 2 bis Elstal, dann Bus 662 Richtung Wustermark, Haltestelle Outlet-Center | Wustermark*

DESIGNER-DEPOT [139 F1]
Highfashion zum Schnäppchenpreis: Boss, Calvin Klein, Kenzo oder Dolce & Gabbana sind nur einige von vielen Labels, die in dem kleinen Laden bis zu 50 Prozent günstiger gehandelt werden als normalerweise. Ein weiterer Pluspunkt: die sehr freundliche, persönliche Atmosphäre mit Beratung. *Mo–Sa 12–20 Uhr | Rochstr. 2 | Tel. 28 04 67 00 | www.designer-depot.net | S-Bahn Hackescher Markt | Mitte*

MADONNA & ADON [147 E5]
Was die Managerin nicht mehr tragen mochte, hängt in dieser Luxus-Secondhandboutique genauso wie das Seidenhemd, dessen Besitzer darin einst in seiner Villa am Wannsee Gäste empfing. Jetzt warten die hochwertigen und eleganten Kleider von Chanel oder Anzüge von Armani auf ein neues Zuhause. Wie wäre es mit einem Hugo-Boss-Blazer für

SHOPPEN
LUXUS LOW BUDGET

100 Euro? *Mo–Fr 12–19, Sa 12–16 Uhr | Mommsenstr. 43 (Herren, Mi geschl.) u. 57 (Damen) | Tel. 30 83 13 79 u. 324 76 32 | www.madonna-adon.de | S-Bahn Savignyplatz | Charlottenburg*

NAH UND GUT   [160 C4]
Sie möchten Ihr Picknick im Park (S. 65) mit etwas ganz Besonderem aufpeppen? Im Delikatessen-Discounter gibt es nicht nur die weltweit erste Dönerbratwurst, sondern auch spanischen Pata-Negra-Schinken (ca. 5 Euro/100 g) oder französischen Trüffelbrie (ca. 1,90 Euro/100 g) zum deutlich günstigeren Preis als im herkömmlichen Einzelhandel. Eine Filiale befindet sich in der Düsseldorfer Straße 40/Ecke Uhlandstraße (Wilmersdorf). *Mo–Fr 8–20, Sa 8–16 Uhr | Güntzelstr. 40 | Tel. 86 39 19 30 | www.essenwieimrestaurant.de | S 1 Zehlendorf | Zehlendorf*

SOMMERLADEN   [144 B5]
Von Armani-Lederjacken bis Versace-Blusen reicht die Auswahl an gebrauchten Designerklamotten und -schuhen zu reduzierten Preisen. Die ausgefallenen Kostüme und Kleider zeugen vom extravaganten Geschmack der Mitte-Bewohner, die hier ihre gut erhaltenen Outfits verkaufen. Auch Männer haben eine große Auswahl: Jacken, Mäntel und Jeans. Taschen und Schuhe von bekannten Marken geben den letzten Schliff. *Di–Fr 13–19, Sa 12–17 Uhr | Linienstr. 153 | Tel. 0177/299 17 89 | S-Bahn Oranienburger Straße | Mitte*

ZWEITES FENSTER   [146 C5]
Wenn es regnet, ist ein original Burberry-Mantel prima, zumal er nicht teuer sein muss. Schauen Sie mal bei Claudia Reißmann und ihrem Marken-Secondhandshop vorbei. Sie hat in ihrem Laden nicht nur eine gute Auswahl für jedes Wetter, sondern von Issey Miyake bis Windsor nur das Feinste, was der internationale Modemarkt zu bieten hat – zwar gebraucht, aber natürlich sehr gut erhalten. Auch Herren werden fündig. Die Besitzerin berät hier persönlich. *Mo–Fr 12–19, Sa 10–16 Uhr | Suarezstr. 59 | Tel. 31 80 34 40 | www.zweitesfenster-berlin.de | S-Bahn Charlottenburg | Charlottenburg*

> **Berlin ist die Partystadt Nummer eins weltweit, und das Beste daran: Auch mit wenig Geld kann man die Nacht zum Tag machen. Feiern Sie mit!**

Ausgehen, feiern und Spaß haben und dabei fast kein Geld ausgeben? Gewusst wo: In etlichen Berliner Clubs wie dem Pong-Club (S. 89) oder Konrad Tönz (S. 91) zahlen Sie z.B. keinen Eintritt. Und im Sommer locken sonntags Umsonst-Open-Air-Partys mit bekannten DJs im Mauerpark. Für den einen oder anderen Drink in einer kleinen, preisgünstigen Kneipe wie etwa dem Schmitz (S. 98) bleibt da auf jeden Fall etwas übrig. Auch wenn Sie Cocktails mögen, werden sie durch ein, zwei Drinks nicht arm. In vielen Bars, wie zum Beispiel im BR 101 (S. 85), gibt es eine Happy Hour, das heißt die Cocktails kosten dann nur die Hälfte oder es wird ein spezielles Angebot offeriert. Wenn Sie den Eintritt in einen teuren Club mindern wollen, gehen Sie einfach früher hin. In einigen Locations, wie dem Bassy Cowboy Club (S. 89) gilt dann: Viel Spaß für weniger Geld! Dass Sie dann vielleicht zu den ersten Gästen zählen und noch nicht so viel los ist, muss nicht unbedingt ein Nachteil sein. Schließlich können Sie sich auf der Tanzfläche mal so richtig austoben, und wenn etwas später der Laden voll wird, haben Sie sich schon warm

NACHT LEBEN

gefeiert! Am besten natürlich mit Freunden, aber auch wer alleine unterwegs ist, findet schnell Anschluss. Also auf ins Berliner Nachtleben!

BARS

Insider Tipp

BR101   [144 C5]

Viva Brasilia! Dass dieses Land mehr zu bietet hat als Caipirinha und die gleichnamige Straße entlang des Atlantiks zeigt die kleine brasilianische Bar in Mitte. Zu den günstigen Cocktails (4 Euro) gibt es leckere kleine Snacks (4–6 Euro) aus der Heimat des Besitzers. Musik und Fußball spielen ebenfalls eine große Rolle, weshalb hier Spiele der brasilianischen Nationalmannschaft übertragen werden. Von 19 bis 21 Uhr kostet jeder Cocktail nur 3 Euro! Zu später Stunde ist es hier oft brechend voll. *Di–Sa 19– open end | Torstr. 69 | Tel. 0176/78 40 94 97 | www.br-101.com | U 2 Rosa-Luxemburg-Platz | Mitte*

FIRE BAR   [150 B1]

Ganz in der Nähe vom Hackeschen Markt wird Ihnen bestens eingeheizt. Die Cocktails für 5 Euro haben es in sich, und ein Kaminfeuerchen macht im Winter dem Namen der Location alle Ehre. In der Kellerbar fühlen Sie sich am wohlsten, wenn Sie nichts gegen Retro-Sofas und studentisches Publikum haben. Hier können Sie gemütlich durchfeiern bis zum Morgengrauen. *Tgl. ab 19 Uhr | Krausnickstr. 15 | Tel. 28 38 51 19 | www. fire-club.de | S 3, 5, 7, 75 Hackescher Markt | Mitte*

Insider Tipp **JATZBAR** [143 E1]

Draußen ist es trist, drinnen umso anheimelnder. In der coolen Bar im Arbeiterkiez Wedding mit bequemen Sofas und günstigen Drinks kann man getrost einen ganzen Abend verbringen und auch mal den einen oder anderen Cocktail probieren (nur ca. 5 Euro!). Das Publikum ist eher jünger und kommt gerne aus dem benachbarten Prenzlauer Berg hierher wegen der Preise. Von Jazz bis Elektro wechselt die Musik täglich, jeder Abend ist einem anderen Genre gewidmet. Die Gäste dürfen sich überraschen lassen, da es keinen Plan gibt. *Tgl. 18–3 Uhr | Gottschedstr. 2a | Tel. 46 90 56 66 | www.jatz-bar.de | U 9 Nauener Platz | Wedding*

KLUNKERKRANICH [159 F5]

Die höchste Strandbar der City: Auf dem Parkdeck des Einkaufszentrums Neukölln Arcaden kommt mitten im Gemüsegarten Urlaubsstimmung auf. Im Sand auf Liegestühlen sitzend und Cocktails (Selbstbedienung) nippend genießen Sie Sonnenuntergänge und das Rauschen des Verkehrs zu Ihren Füßen. Im Winter versteckt sich die

In der Jatzbar im Wedding gibt es Cocktails für nur 5 Euro

NACHTLEBEN

Bar in einer kleinen Hütte. *Di–Do 18–1.30, Sa, So 12–1.30, im Sommer auch Fr 17–1.30 Uhr | Karl-Marx-Str. 66 | www.klunkerkranich.de | U 7 Rathaus Neukölln | Neukölln*

MORITZ BAR [143 E1]

Sympathische Barkultur in der Nähe des Leopoldplatzes: Wo früher dubiose Geschäfte in einem Vereinslokal getätigt wurden, gehen jetzt Bier und Cocktails für die junge Nachbarschaft über den Tresen. Die Einrichtung ist bunt zusammengewürfelt, die Preise bleiben auf günstigem Niveau (z. B. Bier 0,5 l 2,80 Euro). Sonntags wird der Tatort gezeigt. *Di–Do, So 19–1, Fr, Sa 19–3 Uhr | Adolfstr. 17 | http://moritzbar.com | U 9 Leopoldplatz | Wedding*

RAUMFAHRER [159 E3]

Die Sterne sind nicht zum Greifen nah, dennoch hat die Bar ein bisschen Flair von einer Fahrt zum Mond in einer klapprigen Rakete. Hier kann man stundenlang Bier (ab 2,10 Euro) und Limo (1,80 Euro) trinken und die Welt da draußen vergessen. Der 1970er-Jahre-Bau passt gut zum jungen Szenepublikum, das auch von weiter her anreist, um hier in coolem

Ambiente mit unverputzten Betonwänden und 🐷 Gratis-DJ-Sound günstig die ewige Nacht zu feiern. *Mo–Sa ab 19 Uhr | Hobrechtstr. 54 | Tel. 0179/201 16 36 | U 8 Schönleinstraße | Neukölln*

RINGO [159 E3]

Der Retro-Stil ist auch in Neukölln angekommen, hier fühlt man sich so hip wie in Mitte oder Prenzlauer Berg, nur dass die Preise moderater sind und die Kundschaft nicht so aussieht wie aus der letzten Vogue entsprungen. Netter Laden für ein, zwei Cocktails (ca. 6 Euro) im traditionellen Kiez. *Mo–Sa ab 10, So ab 11 Uhr | Sanderstr. 2 | Tel. 61 50 79 98 | U 8 Schönleinstraße | Neukölln*

SLOPPY JOE'S BAR [144 B4] Insider Tipp

In einem Hinterhof gegenüber von der Elisabethkirche versteckt sich eine kubanisch angehauchte Bar im Stil einer lateinamerikanischen Finca mit fairen Preisen und guten Drinks. Wer Hunger hat, kriegt hier nicht nur den Burger (7,50 Euro) des Hauses, mit Pommes und Salat, sondern auch ein astreines Wiener Schnitzel (14,50 Euro) mit Gurkensalat und Pommes. Der Name erinnert an eine einst legendäre Bar in der kubanischen Hauptstadt Havanna. *Tgl. ab 17 Uhr | Elisabethkirchstr. 3 | Tel. 41 71 70 24 | www.sloppyjoesbar.de | S 1, 2, 25 Nordbahnhof | Mitte*

WEINE & GEFLÜGEL [143 D1]
Günstiger geht's kaum: Wernesgrüner vom Fass für 2,40 Euro (0,4 l) oder ein gutes Glas Wein für 2,70 Euro animieren zum Nachbestellen in dieser kunterbunt eingerichteten Bar. Chicken Wings sind das Hausgericht, ansonsten werden Tortilla Chips und wechselnde Gerichte (4,50–6 Euro) serviert. Tipp: das Kultbier Roter Oktober gibt's für 2,50 Euro (0,33 l). Zur Happy Wedding Hour *(23–0 Uhr)* kosten alle Longdrinks und auch Cocktails nur 4,50 Euro. *Di–So ab 19 Uhr | Malplaquetstr. 43 | Tel. 53 09 23 22 | www.weineundgefluegel.de | U 6, 9 Leopoldplatz | Wedding*

YUMA BAR [159 E4]
Im Szenekiez Nord-Neukölln zeigt diese kleine Bar mit Cocktails für 5,50 Euro und günstigem Bier (0,3 l) für 2,20 Euro, dass Ausgehen mit Stil nicht teuer sein muss. Lesungen, Origami-Workshops oder Ausstellungen werden zuweilen kostenlos geboten. Junges Publikum, keine Raucher. *Tgl. ab 19 Uhr | Reuterstr. 63 | Tel. 60 94 13 68 | www.yuma-bar.de | U 7, 8 Hermannplatz | Neukölln*

ZATOPEK [161 D4]
Insider Tipp
Die Bar für Aktive! Kickern ist gratis, und mittwochs *(19 Uhr)* können Sie – ebenfalls für lau – Skat spielen lernen in der gemütlichen Bar mit Omas alten Möbeln. Jeden zweiten Donnerstag im Monat trauen sich beim Open Stage alle auf die Bühne, die singen oder etwas vorspielen möchten. Günstige Getränke (z. B. Pils 0,3 l 2,50 Euro). *Mo, Mi, Fr, Sa ab 19, Di, Do ab 18 Uhr | Niemetzstr. 24 | www.zatopek-berlin.de | S-Bahn Sonnenallee | Neukölln*

CLUBS
ALTE KANTINE [145 D3]
Günstig essen und tanzen! Der sogenannte Hungry monday mit DJs und leckerem Büfett lockt ab 22 Uhr für nur 3 Euro Eintritt jede Menge junge Leute in die Kulturbrauerei. Tanzbare Musik von Pop bis Dance Classics und Elektro wird an allen Tagen der Woche gespielt. Regelmäßig samstags lesen Berliner Autoren aus

> *www.marcopolo.de/berlin*

NACHTLEBEN

ihren Werken vor. *Eintritt 3–5 Euro | Mi–Mo ab 22 Uhr, Lesungen ab 20 Uhr | Kulturbrauerei | Knaackstr. 97 | www.alte-kantine.de | U 2 Eberswalder Straße | Prenzlauer Berg*

BASSY COWBOY CLUB [144 C4]

Westernstimmung kommt auf, wenn DJs und Livebands abseits vom Mainstream zu Country, Rockabilly und Surf'n Beat aufspielen. Schauen Sie am besten vorher auf den Internetseiten nach, was gerade angesagt ist. In diesem Laden gehen auch Über-40-Jährige noch gerne tanzen. Zudem geht die Legende, man käme als Cowboy gratis rein. *Eintritt 6 Euro, mit Konzert 10 Euro | Di ab 21, Do, Fr, Sa ab 22 Uhr | Schönhauser Allee 176 a | Tel. 37 44 80 20 | www.bassy-club.de | U 2 Senefelderplatz | Prenzlauer Berg*

CLÄRCHENS BALLHAUS [150 B1]

Eines der besten Tanzlokale der Stadt! Wer nichts gegen Pärchentanz hat und Deep Purple genauso gerne hört wie die Bee Gees ist in diesem altehrwürdigen Ballsaal genau richtig. Von 20- bis 80-Jährigen ist alles vertreten, der 🐷 Eintritt ist unter der Woche frei und kostet freitags und samstags nur 5 Euro. Getränkepreise: Bier 0,3 l ca. 2,50 Euro. *Eintritt 0–5 Euro | tgl. ab 11 Uhr, Mo ab 21.30 Uhr Salsa, Di ab 21 Uhr Tango, Mi ab 21 Uhr Swing, Do ab 20 Uhr ChaCha & Walzer, Fr, Sa ab 20 Uhr Disko mit DJ Clärchen, So 15 Uhr Tanztee | Auguststr. 24 | Tel. 282 92 95 | www.ballhaus.de | S 1, 2, 25 Oranienburger Straße | Mitte*

DUNCKER [145 E2]

Im ehemaligen DDR-Club feiert ein eher jüngeres Publikum die Nacht: Donnerstags ist der 🐷 Eintritt frei zu Konzerten, freitags und samstags legen Indie- und Alternativ-DJs auf. Montags kommen Gothic-Fans auf ihre Kosten. Düster und gruftig: Jeden zweiten Monat findet am ersten Sonntag ein Gothic-Markt statt mit Klamotten-, Bücher- und Musikverkauf. *Eintritt 0–3 Euro | Mo ab 21, Mi–So ab 22 Uhr | Dunckerstr. 64 | Tel. 445 95 09 | www.dunckerclub.de | S 41, 42 Prenzlauer Allee | Prenzlauer Berg*

KAFFEE BURGER [144 C5]

Zu DDR-Zeiten wurde hier von Damenkränzchen Torte gespachtelt und Cognac in den Kaffee gekippt, heute geht in dem Club für wenig Eintritt

88 | 89

die Post ab bei Ska, Elektro- und Trashpop. Dann fließt das Bier (3 Euro für 0,5 l) in die Kehlen und die Stimmung steigt mit dem Promillepegel der Gäste, die in der Regel eher jünger sind. Unter der Woche finden auch Lesungen statt in dem gemütlichen Lokal mit Omas Tapeten und Möbeln. Nebenan befindet sich die Burgerbar für stillere Momente und gepflegte Cocktails. *Eintritt 1–5 Euro | Mo–Sa ab 21, So ab 19 Uhr | Torstr. 60 | Tel. 28 04 64 95 | www.kaffeeburger.de | U 2 Rosa-Luxemburg-Platz | Mitte*

KONRAD TÖNZ [152 A4]

Klassiker im Kreuzberger Wrangelkiez, der als eine Art 🐖 Partykeller für noch nicht ganz Erwachsene fungiert. Das Interieur mit Plastiksesseln, Diskokugeln und Fototapete ist so schräg, wie die Musik, die aus den Boxen schallt: 1950er- bis 1970er-Jahre-Twist, Soul oder Beat. Bei der Veranstaltung „Olle Kamellen für Jung und alt" werden zudem auch Schlager gespielt. Der Namensgeber Konrad Tönz war übrigens mal Moderator der Fernsehsendung „Aktenzeichen XY … ungelöst". Ein Bier

CLEVER!

> *Mit einer Vernissage den Abend beginnen*

Sie interessieren sich für Kunst und gehen gerne aus? Dann sollten Sie unbedingt freitags ins Galerienviertel zwischen Hackescher Markt und Oranienburger Tor eintauchen. Dort werden wöchentlich neue Ausstellungen eröffnet, und dabei fließt der Wein sehr günstig in die Gläser. Auch wer nicht eingeladen ist, wird bedient. Meist kostet das Glas Wein oder die Flasche Bier nicht mehr als 1 bis 2 Euro, mitunter sind Getränke und Häppchen sogar umsonst! Wo wann welche Ausstellungseröffnung gefeiert wird, können Sie entweder in den Stadtmagazinen Tip *(www.tip-berlin.de)* und Zitty *(www.zitty.de)* nachlesen oder auf der Internetseite *www.art-in-berlin.de*. Um 19 Uhr geht es in der Regel los, und wer zeitig kommt, hat noch die Gelegenheit, die ausgestellten Werke zu bewundern, bevor es zu voll wird und man vor lauter Köpfen kein Bild mehr an der Wand erkennen kann.

> **www.marcopolo.de/berlin**

NACHTLEBEN

kostet 2,50 Euro. *Eintritt frei | Do–So ab 20.15 Uhr | Falckensteinstr. 30 | Tel. 612 32 52 | www.konradtoenz-bar.de | U 1 Görlitzer Bahnhof | Kreuzberg*

Insider Tipp

KUGELBAHN [161 D2]

Statt Weddinger Kiezpinte ist hier nun schon seit längerem ein cooler Laden mit kunterbunter Einrichtung, Fritz-Cola und Szenepublikum. Die Stammgäste von früher haben allerdings noch einen Tisch reserviert, und die Kegelbahn im Keller läuft auch noch rund (12 Euro pro Stunde). Am Wochenende locken 🐷 Konzerte *(0–5 Euro Eintritt)* von Indie-Bands. *Di–So ab 18 Uhr | Grüntaler Str. 51 | Tel. 0163/635 15 16 | www.kugelbahn-wedding.com | S-Bahn Bornholmer Straße | Wedding*

L.U.X [152 A3]

In der ehemaligen Spiralfederfabrik wird gefeiert, dass sich die Balken biegen. Live-Konzerte, Electroclash, Funk und Reggae sorgen für die nötige Lautuntermalung. Wer vom Tanzen genug hat, kann sich in den Sitzecken niederlassen und die Szene beobachten, die eher unter 30 Jahre alt ist und Bier für ca. 2,50 Euro (0,3 l) trinkt. *Eintritt ab 4 Euro | Mi, Do 21–3, Fr, Sa 22–6 Uhr | Schlesische Str. 41 | www.lux-berlin.net | U 1 Schlesisches Tor | Kreuzberg*

MONARCH [159 D1]

Eine unscheinbare Stahltür ohne Namen führt zu einem der beliebtesten Clubs Kreuzbergs im ersten Stock eines Betonklotzes am Kottbusser Tor. Der Eintritt kostet nur 1 Euro, der halbe Liter Hefeweizen wird für 3,50 Euro über die Theke gereicht. Gegen drei Uhr nachts reicht die Schlange bis zur Straße, weshalb Erstbesucher den Club wenigstens gleich finden. Die Einrichtung im wilden Stilmix hat Charme und sorgt für Gemütlichkeit. *Eintritt 1 Euro | Di–Sa ab 21 Uhr | Skalitzer Str. 134 | www.kottimonarch.de | U 1, 8 Kottbusser Tor | Kreuzberg*

NBI [144 B3]

Viele Nachtschwärmer, die in dem kleinen Barclub tanzen oder Cocktails (6 Euro) trinken, lieben Karaoke. Bei astreinen Preisen, das Berliner Pilsener oder Afri Cola (0,3 l) für 2,50 Euro und ein wenig Eintritt wird es unter der Diskokugel schnell voll. Das liegt vor allem an der überschaubaren

Tanzfläche. *Eintritt 0–5 Euro | keine regelmäßigen Öffnungszeiten | Zionskirchstr. 5 | Tel. 0152/22 83 06 36 | www.neueberlinerinitiative.de | U 8 Bernauer Straße | Mitte*

PONG-CLUB [161 D3]

Mitten in der Nacht dem Ball nachjagen? Kein Problem. Während DJs auflegen, wird der Abend in dem durch grelles Licht ziemlich kühl wirkenden Club nicht mit Tanzen, sondern mit Tischtennis verkürzt. Dabei können Twens und Berufsjugendliche ganz nebenbei ihre Armmuskeln spielen lassen und beweisen, dass auch nach dem vierten Bier noch so einiges möglich ist. Kurz vor Mitternacht wird's am Wochenende voll, nicht nur an den Tischtennisplatten. Günstige Getränke (Bier 2,20 Euro). *Eintritt 1 Euro für den DJ beim ersten Getränkekauf | Mo–Sa ab 20, So im Sommer ab 19, im Winter ab 18 Uhr | Sonnenallee 221 | www.drpong.net | S 41, 42, 46 Sonnenallee | Neukölln*

SCHOKOLADEN [144 B4]

Wacker kämpfen die Betreiber dieses punklastigen 🐷 Kulturclubs seit Jahren gegen ihre Vertreibung durch den Besitzer des Hauses und verwöhnen ihre Gäste mit Astra (0,3 l) für 2,20 Euro und günstigen Kurzen, etwa Tequila randvoll für 2,50 Euro. Temperamentvolle Konzerte mit ohrenbetäubenden E-Gitarren-Soli aufstrebender Nachwuchsbands kosten nur 3 bis 5 Euro. Partystimmung herrscht an fast jedem Tag in der Woche, außer dienstags: Da lesen die Autoren des Schriftstellerkollektivs LSD (Liebe statt Drogen) ab 20.30 Uhr ihre Texte vor, Eintritt 4 Euro. *Eintritt 0–5 Euro | tgl. ab 19 Uhr | Ackerstr. 169 | Tel. 282 65 27 | www.schokoladen-mitte.de | U 8 Rosenthaler Platz | Mitte*

SUPAMOLLI [152 C2] Insider Tipp

Alternative Talentbude für die Musikstars von morgen: 🐷 Bands und Sänger verschiedener Genres spielen hier vor jungem Publikum, das sich nicht nur zum Musik hören hier trifft, sondern auch zum Plaudern in Sesseln und Sofas fläzt und an der Bar Berliner Pilsener zum günstigen Preis (ca. 2,50 Euro) ordert. Nach dem Kulturgenuss geht die Party weiter auf der kleinen Tanzfläche, meist bis in die Morgenstunden des nächsten Tages. *Eintritt 0–5 Euro | Di–Sa ab 20, So ab 15.30 Uhr Kaffee*

Bild: Im Schokoladen feiern Alt und Jung zusammen

NACHTLEBEN

92 | 93

& Kuchen (Nichtraucher) | Jessnerstr. 47 | Tel. 29 00 72 94 | www.supamolly.de | U-/S-Bahn Frankfurter Allee | Friedrichshain

KNEIPEN

Ä [159 E4]

Gemütlich ein Jever oder Rothaus trinken (ca. 2,50 Euro) oder ein Glas Mineralwasser für 1 Euro und von den etwas in die Jahre gekommenen Tischen und Stühlen aus die neuesten Berliner Pop-Pflanzen an der Gitarre schrammeln hören, das ist ganz im Sinne der Besitzer, die mit dem Ä einen Hort für Kultur und Kneipengänger geschaffen haben. Der Laden ist häufig voll, das Konzept geht auf. *Tgl. ab 17 Uhr | Weserstr. 40 | Tel. 30 64 87 51 | www.ae-neukoelln.de | U 8 Hermannplatz | Neukölln*

ANNA KOSCHKE [150 B1]

Wenn draußen der Wind um die Häuser pfeift, sitzen die Gäste gemütlich bei Kerzenschein an Holztischen und wärmen sich an heißem Orangensaft (2 Euro) oder trinken Berliner Pilsener (0,3 l 2,20 Euro). Dazu werden von der freundlichen Bedienung Buletten mit Kartoffelsalat gereicht oder Knacker mit Senf (ca. 3 Euro). Wer niemanden zum Reden hat, kann sich durch die ausliegenden Zeitschriften arbeiten. Im Sommer gibt es eine idyllische Terrasse hinter dem Haus. *Tgl. ab 17 Uhr | Krausnickstr. 11 | Tel. 283 55 38 | www.anna-koschke.de | S 3, 5, 7, 75 Hackescher Markt | Mitte*

AUGUST FENGLER [145 D2]

Die Nachbarschaft feiert hier Geburtstage mit einer Partie Kickern oder Tischtennis (nur sonntags) im Keller, Geburtstagskinder oder frische Diplomanden geben einen aus an der Theke. Jeder Tag ist einer anderen Musikrichtung gewidmet (Programm siehe Internet), von Latin bis New Wave ist alles dabei. Ab 22 Uhr legen DJs auf, und auf der kleinen Tanzfläche geht es zu später Stunde rund. Typische Kiezkneipe mit Berliner Pilsener für 1,90 Euro (0,3 l) und Cocktails ab 4,60 Euro. Jeden Abend voll und laut. *Tgl. ab 19 Uhr | Lychener Str. 11 | www.augustfengler.de | M 10 Husemannstraße | Prenzlauer Berg*

BAIZ [144 C4]

Lieblingsort der Gäste ist der Kickerraum, ansonsten diskutiert vor allem studentisches Publikum an der Bar über die letzte Hausbesetzung oder

> www.marcopolo.de/berlin

NACHTLEBEN

deren Räumung. Äußerst fair: Der halbe Liter Berliner Pilsener kostet nur 2,20 Euro! Und ein Espresso geht für 1 Euro über den Tresen. Abends sehr voll und sehr verraucht. *Tgl. ab 16 Uhr | Schönhauser Allee 26 A | kein Tel. | www.baiz.info | U 2 Rosa-Luxemburg-Platz | Mitte*

BORNHOLMER HÜTTE [161 D3]
In dieser über 100 Jahre alten Traditionskneipe mit wunderschönem Holztresen werden Sie für wenig Geld bestens versorgt mit hausgemachten Buletten (1,60 Euro) und Bier (0,4 l) für nur 2,20 Euro. Im Keller beeindruckt eine 105 Jahre alte Kegelbahn (15 Euro/Std.) mit Handbetrieb – die Kegel müssen selbstwieder aufgestellt werden. *Mo–Fr ab 16, Sa, So ab 15 Uhr | Bornholmer Str. 89 | Tel. 445 52 69 | U-/S-Bahn Schönhauser Allee | Prenzlauer Berg*

ESCHENBRÄU [143 D2]
Bestes hausgebrautes Bier ab 1,90 Euro (0,3 l) machen einen Ausflug in den Bezirk Wedding zu einem lohnenswerten Unternehmen. Je nach Saison gibt es verschiedene Dunkel- und Hellbiere, alle von erstklassiger Qualität. Wer kein Bier mag: Cocktails kosten 5 Euro, eine Tasse Kaffee nur 1,30 Euro! Sie sitzen gemütlich zwischen den Braukesseln. Im Sommer lockt der Biergarten. Schont das Portemonnaie: Picknickkörbe dürfen in Garten und Keller ausgepackt werden. *Tgl. ab 17 Uhr | Triftstr. 67 | Tel. 462 68 37 | www.eschenbraeu.de | U 6, 9 Leopoldplatz | Wedding*

FINCAN [161 D4]
Die am Wochenende stattfindenden Konzerte, Filmabende und Jam-Sessions (montags) kosten keinen Eintritt, sondern Austritt! Zwischen 3 und 8 Euro kann jeder spenden so viel er will. Ein günstiges Bier trinken (Pils 0,5 l 3 Euro) ist da locker noch drin. Gemütliche Wohnzimmeratmosphäre. Nachmittags gibt es regelmäßig Kinderprogramm und am frühen Abend sogar offene Kurse: Yoga, Pilates, Theater und Meditation *(5–8 Euro, Fr, Sa 19–23 Uhr, Termine siehe Internet)*. *Mi–Mo 19–23 Uhr | Altenbraker Str. 26 | www.fincan.eu | U-/S-Bahn Hermannstraße | Neukölln*

DAS GIFT [159 F4]
Sympathische Eckkneipe mit Mobiliar aus den 1980er-Jahren, die mit schottischem Essen (die Besitzer

94 | 95

kommen von dort) und günstigem Bier (ab 2,20 Euro) punktet. Manchmal findet ein Pubquiz statt, und auch Musiker treten ab und zu auf. Alles im eher familiären Rahmen mit Stammkundschaft aus der studentischen Nachbarschaft. Essen (4–10 Euro) gibt's bis 22 Uhr. Mit Galerie und wechselnden Ausstellungen. *Tgl. ab 17 Uhr | Donaustr. 119 | U 7, 8 Hermannplatz | Neukölln*

GOLDESEL [146 C3]
Stullen, Bier und Rock'n'Roll ist die Devise in dieser freundlichen Kneipe mit Sofa und Bistromobiliar ganz in der Nähe vom Schloss Charlottenburg (S. 17). Das Brot für die leckeren Stullen (1,50–4 Euro) stammt von einer Biobäckerei. Dazu eines von 18 (!) verschiedenen Flaschenbiersorten (ab 2,50 Euro), und der Abend kann beginnen. Im Sommer locken Bierbänke und Tische nach draußen. *Mo–Sa ab 17 Uhr | Seelingstr. 7 | Tel. 82 07 71 58 | www.goldesel-berlin.de | S 41, 42 Westend | Charlottenburg*

INTIMES [152 C2]
Das Kino (günstiger Eintritt!) im selben Haus sorgt für ständigen Kundenstrom. Bier (ca. 2,30 Euro) und Wein (ab 3,50 Euro) fließen abends in rauen Mengen, dazu werden kleine Snacks (ab 2 Euro) gereicht. Mittags kocht das Kneipenteam wechselndes Essen (3,50–10 Euro). Für Menschen mit wenig Geld ein Hort der Gastlichkeit, wenngleich auch ein bisschen abgeschabt. *Tgl. ab 10 Uhr | Boxhagener Str. 107 | Tel. 29 66 64 57 | U 5 Frankfurter Tor | Friedrichshain*

KASTANIE [146 C2]
Boulespieler treffen sich hier regelmäßig nach einer Runde auf dem Mittelstreifen vor dem schönen Biergarten. Zum frisch gezapften Bier (0,3 l ca. 2,50 Euro) gibt es ein halbes belegtes Brötchen schon für 1,30 Euro, und auch Pellkartoffeln mit Quark und Leinöl für 4,80 Euro machen prima satt. Drinnen sorgen die gediegenen Kneipenmöbel und Kerzen für lauschige Stimmung. *Tgl. ab 10 Uhr | Schloßstr. 22 | Tel. 321 50 34 | www.kastanie-berlin.de | U 2 Sophie-Charlotte-Straße | Charlottenburg*

MAJOR GRUBERT [159 E3]
Französische Lebensart in Neukölln: Hier kehren die Gäste nicht nur auf ein Bier ein, sondern auch wegen der

> *www.marcopolo.de/berlin*

NACHTLEBEN

günstigen und leckeren französischen Snacks wie Crêpes, Galettes, Pot au Feu, Quiches, Suppen oder Salate, die bis 23 Uhr serviert werden. Satt werden für weniger als 10 Euro ist kein Problem. Das Publikum ist international, viele Studenten, denen der Retro-Schick gefällt. *Di–So ab 16 Uhr | Hobrechtstr. 57/Ecke Pflügerstr. | Tel. 0163/132 60 17 | U 8 Schönleinstraße | Neukölln*

MÖBEL OLFE [159 D1]

An einem der hässlichsten Orte der Stadt, dem Kottbusser Tor, geht es zu fortgeschrittener Stunde hoch her. Je später der Abend, desto mehr preiswertes Bier (0,3 l für 2,50 Euro) und Tequila (2 Euro) strömt in die durstigen Kehlen der Kotti-Anwohner. Am Wochenende legen DJs auf. Ab und zu lesen Berliner Autoren aus ihren düsteren Werken vor. Besonders Schwule und Lesben besuchen das Olfe gerne. *Di–So ab 18 Uhr | Dresdener Str. 177 | Tel. 23 27 46 90 | www.moebel-olfe.de | U 1, 8 Kottbusser Tor | Kreuzberg*

NOVA [159 D3]

Viele Stammgäste gehen auf ein Bierchen hierher, der Rauch hängt in dichten Schwaden über dem Tresen, und gerne wird auch ein Schnäpschen gekippt. Wer Geld sparen will, orientiert sich an den Thementagen: Freitags kosten Cocktails nur 4 Euro und von Montag bis Samstag gibt es täglich einen anderen Schnaps (2 cl) für jeweils 1,60 Euro. Am Sonntag ist Frankentag. Alles was aus Franken kommt, wird günstiger über den Tresen gereicht. Im Sommer sitzen die Gäste lauschig unter Bäumen. *Tgl. ab 12.30 Uhr | Urbanstr. 30/Körtestr. | Tel. 69 59 89 79 | U 7 Südstern | Kreuzberg*

CLEVER!
> *Alternativer Pub Crawl*

Kleine Gruppen (nicht mehr als zehn Personen), keine Abzockbars: Diese Tour führt für schlappe 10 Euro zu wirklich netten Locations, und das jeden Tag ab 21 Uhr. Viereinhalb Stunden geht es zu Fuß von Bar zu Club zu Bar etc. Fünf Shots und Clubeintritte sind im Preis inbegriffen. Treffpunkt ist in der Yesterday Bar. *Metzer Str. 2 | Tel. 176/23 17 58 00 | http://alternativeberlin.com | U 2 Senefelderplatz | Prenzlauer Berg*

SCHMITTZ [144 C5]

Sportlich kneipieren: Eine Tischtennisplatte lädt zum Match ein. Wenn es voll ist, spielen die Gäste auch mal zu zehnt – in der linken Hand eine Flasche Becks (2,30 Euro), in der rechten die Tischtenniskelle, die man sich gegen ein Pfand am Tresen ausleihen kann. Sportverächter nippen derweil Cocktails (ab 4,50 Euro) oder knobeln beim Kneipenquiz, das einmal im Monat stattfindet. Hier treffen sich auch gerne Fußballfans zu Bundesligaübertragungen. *Tgl. ab 18 Uhr | Torstr. 90/Ecke Gormannstr. | Tel. 28 87 91 34 | www.*

Im W. Prassnik geht auch selbstgebrautes Bier günstig über den Tresen

NACHTLEBEN

schmittz.de | U 2 Rosa-Luxemburg-Platz | Mitte

SCHRADERS [143 D1]

Was wäre der Bezirk Wedding ohne dieses mit marokkanischen Tischen und Plüschsofas bestückte Kleinod? Hier sitzt es sich nicht nur bequem, sondern die international orientierte recht preiswerte Speisekarte (Frühstücksbüfett Sa 10–15 Uhr, 7,50 Euro, Kinder bis 5 Jahre gratis) beseitigt auch lautes Magenknurren aufs Angenehmste. Und gegen den Durst helfen unter anderem zahlreiche verschiedene Cocktails (ab 5,50 Euro). Während der Happy Hour (Mo–Sa 18–20 Uhr) kosten die Cocktails nur 4,60 Euro. Tgl. ab 10 Uhr | Malplaquetstr. 16 b | Tel. 45 08 26 63 | www.schraders-berlin.de | U 6, 9 Leopoldplatz | Wedding

SCHWARZE PUMPE [152 C2]

Maschinen und Rohre aus dem Arbeitsleben im Bergwerk wurden zu Kneipenmobiliar umfunktioniert. Bohemiens aus der Nachbarschaft, die sich den Cocktailbars der Gegend verweigern und hier bei einem oder zwei Glas Bier (0,5 l 2,80 Euro) das wahre Leben suchen, werden es zwar nicht finden. Doch der Weg ins Bergwerk führte auch im Ruhrpott häufig am Tresen vorbei. Günstig: der zünftige Sonntagsbrunch für nur 6 Euro pro Person! Tgl. 10–1 Uhr | Choriner Str. 76 | Tel. 449 69 39 | www.schwarzepumpe-berlin.de | U 8 Rosenthaler Platz | Mitte

TIER [159 F4]

Feiern in einem ehemaligen indischen Restaurant: Am Wochenende wird es voll, so dass nur noch Stehplätze übrig bleiben. Günstige Getränke (Bier ab 2,20 Euro, 0,3 l) machen das Lokal zum Szenetreff im angesagten Nord-Neukölln. Tgl. ab 19 Uhr | Weserstr. 42/Ecke Fuldastr. | U 7, 8 Hermannplatz | Neukölln

W. PRASSNIK [144 C5]

In dieser Kiezkneipe mit einfachem Holzmobiliar geht es traditionell und gemütlich zu mit deftigem Grünkohl und Würstchen (4 Euro) oder Pelmeni (2,50 Euro), Berliner Pilsener wird für 2,50 Euro (0,3 l) serviert. Lecker ist vor allem das selbstgebraute, unfiltrierte Bier zum selben Preis. Tgl. ab 19 Uhr | Torstr. 65 | Tel. 41 71 51 20 | http://mangelwirtschaft.de | U 2 Rosa-Luxemburg-Platz | Mitte

Insider Tipp

> Ein Bett im Marzahner Plattenbau, oder doch lieber ein cooles Hostel im Szenebezirk? In Berlin haben Sie die Riesenauswahl. Und das Beste: Übernachten ist günstig!

Geschenkt: Sie wollen gar nicht schlafen, sondern lieber die Nacht zum Tag machen. Dennoch – irgendwann ist es soweit, und Sie müssen sich auch mal lang legen. Das soll dann möglichst wenig kosten? Wir haben für Sie die Rosinen aus dem Angebot gepickt. Was wirklich günstig ist und möglichst auch noch so, dass Sie schlafen können (keine Autobahn nebenan) stellen wir Ihnen auf den folgenden Seiten vor. Umsonst ist nicht nur das Nächtigen unter freiem Himmel (unbequem!), sondern auch das sogenannte Couchsurfing (S. 105). Sie suchen sich übers Internet eine freie Unterkunft bei Familien und Wohngemeinschaften und lernen auf diese Weise gleich noch ein paar nette Berliner kennen. Oder wie wäre es zum Beispiel mit einem Bett im Plattenbau? Die Pension 11. Himmel (S. 116) im Berliner Hochhausmeer Marzahn bietet für 22 Euro pro Nacht die schönsten Zimmer mit Ausblick weit und breit. Wer es lieber idyllisch mag, sollte die Jugendherberge am Wannsee (S. 108) favorisieren mit eigener Badestelle und Beachvolleyballplatz. Angesichts der Fülle von Low-Budget-Betten in Berlin bleiben auch nach einer Mütze voll Schlaf

SCHLAFEN

noch jede Menge Euros übrig. Wie auch immer Sie sich entscheiden – schlafen Sie gut!

APARTMENTS & PRIVATZIMMER

APARTMENTS AM BRANDENBURGER TOR [138 B3]

Zentraler geht's nicht: Ganz in der Nähe von Regierungsviertel, Brandenburger Tor und Potsdamer Platz logieren Sie in modern eingerichteten Ferienwohnungen zum (für die Lage!) günstigen Preis. Zwei Personen sind ab 81 Euro dabei, für Gruppen von zehn Personen kostet die Unterkunft 171 Euro pro Nacht (bis zu fünf Personen in einem Zimmer). Die Apartments befinden sich in DDR-Plattenbauten, die aber in ansehnlichem Zustand sind. Je nach Saison gibt es Rabatt ab dem zweiten Tag. *81–171 Euro/Nacht | 5 Ap. | Informationsbüro Behrenstr. 1c | Tel. 200 75 70 | www.apartments-mitte.de | U-/S-Bahn Brandenburger Tor | Mitte*

APARTMENT FIRE SUITE [150 B1]

Hier übernachten Sie nicht nur, sondern Sie wohnen in einem renovierten Altbau mit gediegenen Oma-Möbeln und Dielenböden in bester Lage in der Nähe der Oranienburger Straße. Bis zu sechs Personen kommen in der Dreizimmerwohnung (65 m²) zum kleinen Preis unter, die Rezeption ist die Firebar (S. 86) im selben Haus. Nach einem Absacker in selbiger können Sie entspannt ins gemachte Bett fallen. *Je nach Saison* und Aufenthaltsdauer 70–91 Euro/ Nacht inkl. Endreinigung, Bettwäsche und Handtücher! | 1 Ap. | Krausnickstr. 5 | Tel. 28 38 51 19 | www.fire-club.de | S 1, 2, 25 Oranienburger Straße | Mitte

CITY-APART [160 C4]

Sie mögen es futuristisch und wollen mindestens einen Monat bleiben? Dann wohnen Sie doch mal in der sogenannten Schlange, einem Wohnkomplex aus den 1980er-Jahren auf einer Autobahntrasse. Im Gebäude befinden sich 1064 (!) Wohneinheiten – einer der größten Wohnkomplexe Europas. Für rund 7,50 Euro pro Person pro Nacht (bei Übernachtung mit vier Personen im Einzimmerapartment) haben Sie Ihr eigenes Dach über dem Kopf mit stilvoller Einrichtung. Vermieter ist die Wohnungsbaugesellschaft degewo. *879 Euro/Monat inkl. Endreinigung | 2 Ap. | Schlangenbader Str. 17–18 | Tel. 264 85 91 18 | www.city-apart.de/home | U-/S-Bahn Heidelberger Platz | Wilmersdorf*

Insider Tipp

CAMPING

BERLINER CAMPINGCLUB [160 C3]

Morgens nehmen Sie als erstes ein Bad in der Havel, hören die Vögel zwitschern und dann ab zum Sightseeing in die City. Romantischer kann ein Berlinaufenthalt kaum sein, und günstig obendrein. Pro Person zahlen Sie 6,50 Euro, ein kleines Zelt kostet ca. 6,50 Euro, ein Wohnwagenstellplatz 9,50 Euro pro Nacht. Die Zelte stehen auf einer Wiese direkt am Ufer, die sanitären Einrichtungen sind einfach aber sauber. Der Haken: Sie brauchen mindestens 50 Minuten bis zum Reichstag. *Ende März–Anfang Okt. | Niederneuendorfer Allee | Tel. 335 45 84 | www.berliner-camping-club.com/camping-buergerablage.html | Bus 136 Bürgerablage | Spandau*

CAMPINGPLATZ KUHLE WAMPE [161 E4]

Hier hören Sie die Hechte springen, und gleich danach hüpfen Sie selbst ins glasklare Wasser der Großen Krampe, einem Ausläufer des Flüsschens Dahme. Eine BVG-Fähre bringt sie vom Berliner Stadtteil Schmöckwitz hinüber, oder Sie fahren vom Ortsteil Müggelheim aus durch den dichten Wald. In die City brauchen Sie ca. eine Stunde. Ein kleiner Kiosk versorgt Sie mit den Nötigsten. *6 Euro p. P. u. Nacht, erm. (Kinder 6–16 J.) 3,50 Euro, Kinder unter 6 J. kostenlos, Zelt 4 Euro | April–Okt. |*

> www.marcopolo.de/berlin

SCHLAFEN

Straße zur Krampenburg | Tel. 659 86 21 | www.zeltplatz-kuhle-wampe.de | Fähre F 21 Krampenburg | Köpenick

HOSTELS & HERBERGEN

2A-HOSTEL [161 D4]

Ganz in der Nähe vom Neuköllner Nachtleben und gut angebunden an den Rest der Stadt durch die nahe Ringbahnstation können Sie hier im Designerhostel mit kreativ gestaltetem Interieur logieren. Praktisch auch in Mehrbettzimmern: Jedes Bett hat eine eigene Lampe und Steckdose, außerdem gibt es elektronisch gesicherte Schließfächer in jedem Zimmer. Frühstück ab 2,50 Euro, WLAN im ganzen Haus. *13–15 Euro p. P. | 196 Betten | Saalestr. 76 | Tel. 63 22 63 30 | www.2a-hostel.de | U-/S-Bahn Neukölln | Neukölln*

– Anzeige –

CALL +49 30 80947 5110 · booking@aohostels.com

ALCATRAZ [145 D2]

Ein Gefängnis sieht anders aus, daher kann der Name eigentlich nur für die Geborgenheit stehen, die auf einer kleinen Insel im Großstadtgewimmel des Szeneviertels Prenzlauer Berg entsteht. Hier kommen sich preisbewusste Backpacker und Gäste aus aller Welt schnell näher beim gemeinsamen Kochen in der Gästeküche oder beim Kickern. Die Zimmer *(Einzel- bis Achtbettzimmer, 11–48 Euro pro Person)* im typischen Berliner Altbau sind funktional und wenig gemütlich eingerichtet. Die Preise fallen im Vergleich mit anderen Hostels etwas höher aus, das liegt wohl an der Lage im Szenekiez. Großes Plus: Kostenlose 🐷 Computernutzung. WLAN ist in allen öffentlichen Bereichen gratis. *11–48 Euro p. P. | 80 Betten | Schönhauser Allee 133a | Tel. 48 49 68 15 | www.alcatraz-backpacker.de | U 2 Eberswalder Straße | Prenzlauer Berg*

ALL IN HOSTEL [152 B2]

Diese Herberge mit über 400 Betten und sehr günstigen Übernachtungspreisen eignet sich für alle Schnäppchenjäger, die wirklich nur ein Bett für die Nacht brauchen. Schon ab 9,99 Euro die Nacht können Sie im Achtbettzimmer eine Mütze voll Schlaf finden. Vorteil: Es gibt auch reine Frauen- und Männerschlafräume. Vierbett- (ab 12 Euro) und Doppelzimmer (ab 19 Euro pro Person) mit Dusche und WC sind funktional und wenig gemütlich, dafür aber preiswert. Es gibt eine hauseigene Bar mit Billard sowie eine Caféteria, in der Sie für 4 Euro frühstücken können. *9,99–44 Euro p. P. | 411 Betten | Grünberger Str. 54 | Tel. 288 76 83 | www.all-in-hostels.de | U 5 Frankfurter Tor | Friedrichshain*

A&O HOSTEL FRIEDRICHSHAIN [152 C2]

Viele hundert Gäste checken täglich ein und aus, und manchmal fühlt man sich im Foyer wie auf einem Bahnhof. Die Preise für die Achtbett- (ab 8 Euro pro Person) bis Einzelzimmer (ab 13 Euro) sind günstig, dennoch sind die Zimmer freundlich eingerichtet, und manche Zimmer zieren coole Graffiti von Berliner Künstlern. 🐷 ==Kinder bis 18 Jahre übernachten gratis!== *Insider Tipp* WLAN und Sky Premium ist in den öffentlichen Bereichen kostenlos. Weiteres Plus: die Kids Corner mit Spielzeug, Maltafel, Buntstiften und Kinderbüchern. Bettwäsche kostet für die Vier- bis Acht-

SCHLAFEN

bettzimmer 3 Euro extra, Handtücher 1 Euro. Tipp: Auf der Internetseite werden tagesaktuelle Schnäppchenpreise angezeigt! Super Lage im Szenekiez Friedrichshain. *8–44 Euro p. P. | 637 Betten | Boxhagener Str. 73 | Tel. 29 77 81 54 00 | www.aohostels.com/de/berlin | S 5, S 7, 8, 75 Ostkreuz | Friedrichshain*

BACKPACKER BERLIN [152 C2]
In einem hübschen wilhelminischen Altbau können Sie in Ikea-Stil-Wohlfühlatmosphäre eines eher kleinen Gästehauses logieren. Pluspunkt: Die hellen mit Doppelstockbetten ausgestatteten Vierbettzimmer (18 Euro/Nacht) verfügen jeweils über eine eigene Dusche. Bei den anderen Zimmern (Ein- bis Sechsbettzimmer) befinden sich die Badezimmer auf dem Gang. Frische Bettwäsche und Handtücher müssen Sie für 2 Euro dazu buchen, Schlafsäcke sind nicht erlaubt. *9,90–27,50 Euro p. P. | 22 Betten | Knorrpromenade 10 | Tel. 29 36 91 64 | www.backpackerberlin.com | U 5 Samariterstraße | Friedrichshain*

BAXPAX KREUZBERG [159 F1]
Wer sparen will und nichts gegen weitere 16 (!) Personen im selben Zimmer hat, wird hier glücklich (8–14 Euro p. P.). Aber auch die cool gestylten Doppel- (19–33 Euro p. P.) oder Neunbettzimmer (ab 12 Euro p. P.) finden Anklang in der ehemaligen Fabrik. Highlight ist das Doppelzimmer mit einem VW-Käfer als Bett! Frische Bettwäsche kostet 2,50 Euro, Schlafsäcke sind zwar erlaubt, Bettwäsche muss man trotzdem mieten. Gemeinsames Kochen ist möglich. Es gibt extra Frauenzimmer. *8–60 Euro p. P. | 129 Betten | Skalitzer Str. 104 | Tel. 69 51 83 22 | www.baxpax.de | U 1 Schlesisches Tor | Kreuzberg*

CLEVER!
> Umsonst übernachten!

Man lernt jede Menge neue Leute kennen und übernachtet auch noch umsonst: Couchsurfing ist das Zauberwort. Wer sich im Internet unter *www.couchsurfing.org* registriert, kann weltweit gratis bei netten Leuten unterkommen. In Berlin gibt es jede Menge Gastfamilien und -WGs, die einladen, auf ihrem Gästesofa oder -bett zu übernachten. Denn natürlich ist es in der Regel keine Couch, die man angeboten bekommt, sondern ein richtiges Bett!

104 | 105

CIRCUS HOSTEL [144 B4]

Am coolsten Ort Berlins, dem Rosenthaler Platz ist Urlaub vor allem etwas für Partygänger und Modekenner. Hier können Sie nach einem ausgiebigen Gang durch das Nachtleben um die Ecke ausgiebig ausschlafen. Danach bietet sich ein Bummel entlang der Torstraße an mit vielen angesagten Modeläden. Von Zehnbett- bis Einzelzimmer. *19–50 Euro p. P. inkl. Bettwäsche | 120 Betten | Weinbergsweg 1a | Tel. 20 00 39 39 | www.circus-berlin.de | U 8 Rosenthaler Platz | Mitte*

CITYSTAY-HOSTEL [139 E1]

Parkett und hohe Loftdecken sind das Plus in diesem ehemaligen Kaufhaus ganz in der Nähe vom Alexanderplatz. Den ästhetischen Komfort müssen Gäste im Vergleich nur mit einem Tick teureren Übernachtungspreisen bezahlen: Im Achtbettzimmer kostet die Nacht ab 14 Euro, im Sechsbettraum 19 Euro. Doppelzimmer kosten ab 25 Euro pro Person. Trotz der vielen Betten in manchen Räumen wirkt das Ambiente luftig. Gemütliche Bar im Eingangsbereich, die auch von den Bewohnern aus der Nachbarschaft genutzt wird. WLAN ist kostenlos, Bettwäsche kostet 2,50 Euro extra. *14–55 Euro p. P. | 220 Betten | Rosenstr. 16 | Tel. 23 62 40 31 | www.citystay.de | S 3, 5, 7, 75 Hackescher Markt | Mitte*

COME BACKPACKERS [159 D1]

Mitten im Szenekiez am Kottbusser Tor müssen Sie nicht weit laufen, um Party zu machen. Mehrere Clubs, u. a. der Monarch (S. 91), befinden sich ganz in der Nähe. Die Kneipe Möbel Olfe (S. 97) ist auch gleich um die Ecke. In äußerst schlichten Schlafsälen mit bis zu 16 Betten nächtigen Sie ab 14 Euro, inklusive Bettwäsche (Sechsbettzimmer 18 Euro/Nacht u. Person). Beim Zusammensitzen in der Hostelbar oder -küche lernen Sie schnell die anderen Bewohner kennen. *14–20 Euro p. P. | 60 Betten | Adalbertstr. 97 | Tel. 60 05 75 27 | www.comebackpackers.com | U 1, 8 Kottbusser Tor | Kreuzberg*

EASTSEVEN [144 C4]

Schon mehrmals wurde dieser kleinen Herberge (60 Betten) die Ehre zuteil, zum besten Hostel Deutschlands gekrönt zu werden. Jeder der mit hübschen Wandmalereien verzierten Schlafräume hat ein eigenes

> **www.marcopolo.de/berlin**

SCHLAFEN

Bad, die Preise sind moderat (14–39 Euro p. P. im Einzel- bis Achtbettzimmer). Bettwäsche kostet 3 Euro, Handtücher 1 Euro. Im Sommer treffen sich die Gäste im lauschigen Garten, in dem häufig auch gegrillt wird oder in der Gemeinschaftsküche zum Brutzeln. *60 Betten | Schwedter Str. 7 | Tel. 93 62 22 40 | www.east seven.de | U 2 Senefelderplatz | Prenzlauer Berg*

GENERATOR [161 D3]

Deutschlands größtes Hostel mit über 900 (!) Betten in einem Plattenbau ragt direkt an der S-Bahn Landsberger Allee in den Himmel. Wer hier eine Übernachtung bucht, sollte sich Stockwerk und Zimmernummer ganz genau merken, denn sonst braucht es eine Zeit, bis man ankommt. Die futuristisch anmutende Einrichtung der Gemeinschaftsräume ist etwas Besonderes. Übernachtung ab 10 Euro. *10–46 Euro p. P. | 902 Betten | Storkower Str. 160 | Tel. 417 24 00 | www.generatorhostels.com | S 41, 42 Landsberger Allee | Prenzlauer Berg*

GRAND HOSTEL BERLIN [158 A2]

Hübsche Gründerzeitbleibe mit herrschaftlichen Räumen, kombiniert mit schlichten, aber geschmackvollen Möbeln der Neuzeit und einigen alten Stücken. Der Service ist herzlich und Gäste fühlen sich schnell wie zuhause. Einige Clubs und Kneipen sind gleich um die Ecke, die Hochbahn hält vor der Tür. In der gemütlichen Bibliothek kann man mit einem Buch im Sessel versinken oder auch mal einem Guitar-Hero bei der Arbeit zuhören. Das Hostel hat schon Preise gewonnen – Ambiente und Preis-Leistungs-Verhältnis sei Dank. Eine Nacht im Sechsbettzimmer kostet ab 14 Euro, ein Doppelzimmer mit eigenem Bad ab 26 Euro pro Person. Sie können 10 Prozent der Übernachtungskosten sparen, wenn die Buchung fest ist und später nicht mehr geändert werden kann (keine Erstattung). *14–35 Euro p. P. | 40 Betten | Tempelhofer Ufer 14 | Tel. 20 09 54 50 | www.grandhostel-berlin.de | U 7 Möckernbrücke | Kreuzberg*

HEART OF GOLD HOSTEL [138 C1]

Ganz in der Nähe der Partyzone Oranienburger Straße treffen hier Gäste aus aller Welt auf helle, ruhige Räume im gepflegten Neubau. Wer große Gruppen liebt, bucht die Übernachtung ab 9,90 Euro im 400 m² großen

26-Bett-Schlafsaal. Lauschiger ist es im Einzelzimmer mit Dusche ab 88,50 Euro. *9,90–95 Euro p. P. | 108 Betten | Johannisstr. 11 | Tel. 29 00 33 00 | www.heartofgold-hostel.de | U 6 Oranienburger Tor | Mitte*

JUGENDGÄSTEHAUS MITTE [142 C1]

Jung und alt fühlen sich gleichermaßen wohl, vor allem aber nutzen Schulklassen das Haus als Unterkunft. Wer gerne allein schläft, bekommt hier die günstigsten Einzelzimmer weit und breit, zudem hell und freundlich eingerichtet. Für 30 Euro pro Nacht haben Sie zwar kein eigenes Badezimmer, aber Sie teilen sich die Dusche „nur" mit einem anderen Zimmer. Es gibt auch Doppelzimmer (24 Euro p. P.) und Mehrbettzimmer (ca. 19 Euro p. P.) jeweils mit eigenem Bad. Das Haus befindet sich nicht in Alt-Mitte, sondern im Stadtteil Wedding. *19–30 Euro p. P. | 80 Zi. | Antwerpener Str. 40 | Tel. 491 02 24 30 | www.jgh-berlin.de | U 6, 9 Leopoldplatz | Wedding*

JUGENDHERBERGE
AM WANNSEE [160 C4]

Längst sind in den klassischen Jugendherbergen auch Senioren und Familien gern gesehene Gäste. Das tolle Seegrundstück mit Beachvolleyballplatz lässt Urlaubsstimmung aufkommen, dabei sind Sie nur 20 S-Bahn-Minuten von der Berliner City entfernt! Die neun schlicht, aber brauchbar eingerichteten Familienzimmer, jeweils mit eigenem Bad, müssen lange vorher gebucht werden, da sie schnell vergeben sind. Bettwäsche und Frühstück sind im Preis inbegriffen. Der Haken: Sie müssen Mitglied im Deutschen Jugendherbergsverband werden, das geht schnell und unkompliziert vor Ort, kostet aber 22,50 Euro für ein Kalenderjahr (bis 26 Jahre 7 Euro). Wer ab Juni dem DJH erstmalig beitritt, bezahlt nur den halben Jahresbeitrag. *Ab 17,50 Euro p. P. | 80 Zi. | Badeweg 1 | Tel. 803 20 34 | www.jh-wannsee.de | S 1, 7 Nikolassee | Zehlendorf*

THE ODYSSEE HOSTEL [152 C2]

Nach einer langen Reise fühlen sich in dem phantasievoll gestalteten Gasthaus alle wohl, die es bunt mögen und unkompliziert. Hier kommen Sie beim gemeinsamen Kochen in der Gästeküche schnell ins Gespräch mit Backpackern aus aller Welt. Helle Räume mit einfachen Etagenbetten in

> **www.marcopolo.de/berlin**

SCHLAFEN

einem Berliner Altbau im Friedrichshainer Szenekiez. Am günstigsten ist es im Schlafsaal mit 22 Betten. *9,50–48 Euro p. P. | 84 Betten | Grünberger Str. 23 | Tel. 29 00 00 81 | www.globe trotterhostel.de | U-/S-Bahn Warschauer Straße | Friedrichshain*

OSTEL [152 A1]
DDR-Charme bis unters Dach verströmt das Friedrichshainer Plattenbauhostel mit original DDR-Möbeln und einem Portrait von Erich Honecker im Foyer. Im Vierpersonenapartment übernachten Sie für 20 Euro pro Person und Nacht, inklusive Bettwäsche! Ein Doppelzimmer mit Bad auf dem Gang kriegen Sie für ca. 39 Euro, mit eigenem Bad kostet die Nacht zu zweit ab 44 Euro. Der Ostbahnhof sowie viele angesagte Clubs befinden sich direkt vor der Tür. *20–49 Euro p. P. | 43 Zi., 8 Ap. | Wriezener Karree 5 | Tel. 25 76 86 60 | www.ostel.eu | S 7, 9 Ostbahnhof | Friedrichshain*

PFEFFERBETT [144 C4]
Insider Tipp
Hier werden die Nächte nicht so scharf, wie es sich anhört: Auf dem Gelände einer ehemaligen Berliner Brauerei bietet das Kulturzentrum Pfefferberg ein eigenes Hostel mit

Mischung aus Ritterburg und Piratenschiff: das Odyssee-Hostel

108 | 109

sehr modernen und gepflegten Schlafsälen, wahlweise für zwei bis acht Personen (ab 15,50 Euro). Ein Doppelzimmer mit eigenem Bad, Fernseher und Internetzugang kostet zwar 64 Euro pro Nacht, dafür ist es auch wie ein Hotelzimmer eingerichtet. *15,50–32 Euro p. P. | 80 Zi., 180 Betten, 11 Ap. | Christinenstr. 18–19 | Tel. 93 93 58 58 | www.pfefferbett.de | U 2 Senefelderplatz | Prenzlauer Berg*

REGENBOGENHOSTEL [159 E2]

Günstiger kann man in Berlin kaum übernachten: Im – allerdings sehr beengt wirkenden – Acht- oder Zehnbettzimmer zahlen Sie (inkl. Bettwäsche!) 10 Euro pro Nacht, und das mitten im Kreuzberger Szenekiez! Dafür erwartet Sie in der kleinen bunt und fröhlich gestalteten Herberge (36 Betten) der Regenbogenfabrik, einem alternativen Kulturzentrum, eine familiäre Atmosphäre mit kleiner Gästeküche, schönem Hofgarten und vielen Bars und Kneipen um die Ecke. Es gibt auch sehr günstige Einzelzimmer (27 Euro pro Zimmer) und Doppelzimmer (40 Euro pro Zimmer). Frühstück ab 4,50 Euro, mittags kochen die Gastgeber ein günstiges Essen für 3 bis 5 Euro. *10–27 Euro p. P. | 9 Zi., 36 Betten | Lausitzer Str. 22 | Tel. 69 57 95 22 | www.regenbogenfabrik.de | U 1, 8 Kottbusser Tor | Kreuzberg*

> Günstig! Internetportale

Über Internetportale wie Oh-Berlin, airbnb, Gloveler und Housetrip können Sie möblierte Ferienwohnungen mit einer vergleichsweise günstigen Tagesmiete finden oder ein privates Gästezimmer buchen. Die Auswahl ist verlockend, etwa ein richtig gemütlich eingerichtetes Apartment am Alexanderplatz für nur 70 Euro pro Nacht. *30–90 Euro/Nacht | www.oh-berlin.com, www.airbnb.de, www.gloveler.de, www.housetrip.com*

RIXPACK HOSTEL [161 D3]

Im ruhigen Hinterhof an der belebten Karl-Marx-Straße können Sie im spartanisch, aber gemütlich eingerichteten Ambiente prima ausspannen vom Ausflug ins Neuköllner Nachtleben. Die Weserstraße mit vielen Bars und Kneipen ist gleich um die Ecke. Originell: Ein ausrangiertes Feuerwehrauto steht als Wohnwagen ebenfalls für Übernachtungsgäste be-

> *www.marcopolo.de/berlin*

SCHLAFEN

reit. *12,60–25,20 Euro p. P.| 24 Zi. | Karl-Marx-Str. 75 | Tel. 54 71 51 40 | www.rixpack.de | U 7 Rathaus Neukölln | Neukölln*

SCHLAFMEILE [152 C2]

In einem Berliner Hostel auf neuseeländische Art zu frühstücken (4,90 Euro) oder zu Abend zu essen ist recht ungewöhnlich. Zu verdanken ist die kulinarische Exotik dem neuseeländischen Besitzer, der auch gerne Tipps zu seiner Heimat gibt. Im Szeneviertel von Friedrichshain gefällt es ihm allerdings viel besser, weshalb er sich hier mit seinem kleinen Gästehaus (ca. 65 Betten) eine neue Existenz geschaffen hat. Im Achtbettzimmer kostet die Übernachtung nur ca. 14 Euro, im Fünfbettzimmer 17 Euro, jeweils inklusive Bettwäsche und Badezimmer auf dem Flur. WLAN ist gratis. *14–59 Euro p. P. | 80 Zi. | Weichselstr. 26 A | Tel. 20 68 73 14 | www.schlafmeile.de | S-/U-Bahn Frankfurter Allee | Friedrichshain*

SINGER 109 [151 E3]

Der Fernsehturm ist zu Fuß zu erreichen, und auch die Spree ist nicht weit. Das hübsch restaurierte Gebäude aus dem 19. Jh. mit Atrium und gepflegten, zweckmäßig eingerichteten Zimmern ist zwar etwas teurer als andere Hostels, hat dafür aber auch viel Charme. Im Achtbettraum mit Dusche und WC zahlen Sie zwischen 17,85 und 24,15 Euro pro Person und Nacht. Ein Doppelzimmer kostet zwischen 33 und 42 Euro, je nach Saison. Separate Schlafräume für Frauen. Bettwäsche ist im Preis enthalten. *17,85–71 Euro p. P. | 80 Zi. | Singerstr. 109 | Tel. 74 77 50 28 | www.singer109.com | U 5 Strausberger Platz | Friedrichshain*

SOPHIENHOF BERLIN [150 B1]

Im Hostel des CVJM nächtigen Sie ruhig und dennoch ganz in der Nähe vom Hackeschen Markt. Berliner Dom und Museumsinsel sind nur einen Fußmarsch weit entfernt. Ein Vierbettzimmer im Berliner Altbau mit Frühstücksbüfett kostet 98 Euro (84 Euro für Familien). Für ein Doppelzimmer mit Frühstück zahlen Sie 61 Euro. Duschen befinden sich auf dem Gang, Bettwäsche ist im Preis enthalten. *24,50–71 Euro p. P. | 24 Zi. | Sophienstr. 19 | Tel. 28 49 77 77 | www.sophienhof-berlin.de | U 8 Weinmeisterstraße | Mitte*

THE SUNFLOWER HOSTEL [152 B3]
Sonnenblumen wachsen zwar nicht in der Lobby, doch das ganze Ambiente ist so bunt und fröhlich gestaltet, dass selbst im November Sommerstimmung herrscht. Jedes Zimmer hat ein anderes Design und kostet je nach Zahl der Mitbewohner und Jahreszeit (im Winter ist es günstiger) 9,50 (Achtbettzimmer) bis 19 Euro (Einzel- oder Doppelzimmer). Im Juli und August wird ein Hochsaison-Zuschlag in Höhe von 1,50 Euro pro Nacht und Person genommen. Günstig: das ==Frühstücksbüfett All-you-can-eat für 3 Euro!== *9,50–30 Euro p. P. | 38 Zi. | Helsingforser Str. 17 | Tel. 44 04 42 50 | www.sunflower-hostel.de | U-/S-Bahn Warschauer Straße | Friedrichshain*

Insider Tipp

THREE LITTLE PIGS [149 F5]
In bester Lage ganz in der Nähe vom Potsdamer Platz können Sie schon ab 13 Euro (im Achtbettzimmer) in einem hübschen, umgebauten Kloster übernachten. Im Vierbettzimmer zahlen Sie in der Hauptsaison nur 18 Euro, und ein Doppelzimmer ist schon für 22 Euro pro Person zu haben. Die Badezimmer befinden sich auf dem Gang. Wer die Dusche nicht gerne mit anderen teilt, zahlt im Doppelzimmer ca. 31 Euro. Bettwäsche kostet pro Person 2,50 Euro extra und muss mitgemietet werden, Schlafsäcke sind nicht erlaubt. Die Zimmer sind zweckmäßig eingerichtet mit Etagenbetten in den Mehrbettzimmern. In der Gemeinschaftsküche können Sie sich selbst ein warmes Essen kochen. *13–41 Euro p. P. | 250 Betten | Stresemannstr. 66 | Tel. 26 39 58 80 | www.three-little-pigs.de | U-/S-Bahn Potsdamer Platz | Kreuzberg*

WOMBATS [144 C5]
An der belebten Torstraße tauchen Sie so richtig ins pralle Berliner Leben ein mit vielen coolen Designerläden, Kneipen und Restaurants in der Nähe. Die Zimmer (Zwei- bis Sechsbettzimmer) kosten 12 bis 40 Euro, inklusive Bettwäsche. Es gibt auch kleine Apartments mit separatem Schlafraum. Die Einrichtung ist typischer Ikea-Stil. Das All-you-can-eat-Frühstück kostet nur 3,80 Euro pro Person. Wer gerne kocht, kann in der modern ausgestatteten Gästeküche ein Menü zaubern. *12–40 Euro p. P. | 80 Zi. | Alte Schönhauser Str. 2 | Tel. 84 71 08 20 | www.wombats-hostels.com | U 2 Rosa-Luxemburg-Platz | Mitte*

> *www.marcopolo.de/berlin*

SCHLAFEN

HOTELS & PENSIONEN

Insider Tipp

RIVERSIDE CITY [138 C1]

Schon für 56 Euro können Sie in zentraler Lage direkt vis à vis vom Bahnhof Friedrichstraße ein kleines, romantisches Doppelzimmer buchen. Das Interieur ist in warmen Tönen aufeinander abgestimmt und die Dekoration vom Jugendstil inspiriert. Das Bad ist zwar auf dem Gang, aber Sie sind der einzige Benutzer. Reisende werden mit einem tollen Blick – z. T. vom eigenen Balkon – auf die Spree belohnt. Schöner kann ein Berlin-Aufenthalt kaum sein. Für nur 10 Euro zusätzlich können Sie den einladenden Spa-Bereich besuchen, u. a. mit Dampfbad und Spreeblick-Sauna. Hotelgäste bekommen zudem 25 Prozent Rabatt in der benachbarten Cocktailbar Meisterschüler mit Terrasse am Fluss. *DZ 56–96 Euro | 40 Zi. | Friedrichstr. 105–106 | Tel. 28 49 00 | www.tolles-hotel.de | U-/S-Bahn Friedrichstraße | Mitte*

DIE FABRIK [152 A4]

Stilvoll und dennoch preiswert: In diesem kleinen, persönlich geführten

CLEVER!

> Übernachtung mit Musical inklusive

Ein Glas Sekt zum Empfang, eine Wellnessmassage inklusive und Tickets für ein Musical – viele bessere Hotels bieten Arrangements, bei denen Sie kräftig Geld sparen können. Wer zum Beispiel ein Musicalpaket bucht, bekommt zum Doppelzimmer (ca. 165 Euro) in einem 5-Sterne-Hotel, z. B. dem Grand Hyatt Hotel am Potsdamer Platz ([149 E4] | *Marlene-Dietrich-Platz 2 | Tel. 25 53 12 34 | www.berlin.grand.hyatt.de | U-/S-Bahn Potsdamer Platz | Tiergarten*), zwei Tickets für die Show „The Wyld" im Friedrichstadtpalast dazu. Auch The Ritz Carlton (S. 119) und andere Luxushotels bieten häufig vergleichsweise preiswerte Musical-Arrangements an. Aktuelle Infos zu den passenden Angeboten finden Sie unter www.musicalpaket.de/berlin. Wählen Sie aus, was Sie sehen möchten, und klicken Sie „mit Übernachtung" an. Oder geben Sie einfach bei Google „Musical Hotel Berlin" ein und prüfen Sie die Ergebnisliste.

SCHLAFEN

Hotel kosten Doppelzimmer nur ca. 58 Euro (Bad auf dem Gang), dafür bekommen Sie eine liebevoll arrangierte Einrichtung aus Möbeln der letzten 100 Jahre und das Szeneviertel Wrangelkiez vor der Tür. Wer es noch günstiger mag, bucht ein Bett in einem der Schlafsäle (7 Betten) für 18 Euro die Nacht. Im angeschlossenen Café können Sie günstig frühstücken (ab 3,50 Euro). WLAN ist kostenlos. *18–50 Euro p. P. | 45 Zi. | Schlesische Str. 18 | Tel. 611 82 54 | www.diefabrik.com | U 1 Schlesisches Tor | Kreuzberg*

HOTEL BRITZER TOR [161 D4]

Günstig übernachten im Berliner Altbau: Schon für 59 Euro pro Nacht können Sie hier gepflegt Urlaub machen. Das Haus von 1870 verfügt über einen Lift zu den einzelnen Etagen. Ein kleiner Garten sowie eine Sauna bieten Gästen Erholung nach dem Stadtausflug. Praktisch für Familien oder Freunde sind die Vierbettzimmer mit zusammenhängenden Schlafräumen. Das Frühstück kostet 8 Euro extra. *DZ ab 59 Euro | 17 Zi. | Karl-Marx-Str. 262 | Tel. 68 08 15 10 | www.hotelbritzertor.de | U-/S-Bahn Neukölln | Neukölln*

HOTEL DE FRANCE [161 D3]

„Berlin für zwei" heißt ein verlockendes Angebot im ehemaligen Kulturzentrum der französischen Streitkräfte. Für Schüler- und Studenten gibt es bei den regulären Übernachtungspreisen (DZ 69 Euro mit eigenem Bad) 20 Prozent Rabatt. Ein Einzelzimmer kostet für Schüler und Studenten nur 33 Euro. Schöne Zimmer im 1960er-Jahre-Bau. *DZ 53–69 Euro | 50 Zi. | Müllerstr. 74 | Tel. 41 72 90 | www.hoteldefrance-berlin.de | U 6 Rehberge | Wedding*

KARIBUNI [159 F5]

Insider Tipp

Direkt an Neuköllns quirliger Einkaufsmeile Karl-Marx-Straße können Sie günstig und gut übernachten. Doppelzimmer mit eigener Dusche (auf dem Gang) bekommen Sie schon ab 49 Euro pro Nacht (ohne Frühstück). Alle Räume des familiär geführten Hotels im typischen Berliner Altbau sind individuell gestaltet u.a. mit Kolonialmöbeln und Wandmalereien. Karibuni heißt „Guten Tag" im Osten Afrikas. *EZ 40–69 Euro, DZ 49–79 Euro, Dreibettzi. 83–92 Euro, Apartment 72–105 Euro | 11 Zi., 1 Ap., 20 Betten | Neckarstr. 2/Ecke Karl-Marx-Str. | Tel. 687 15 17 | www.kari*

Bild: Afrikadesign in der Neuköllner Pension Karibuni

buni-hotel.de | U 7 Rathaus Neukölln | Neukölln

MEININGER [149 E1]
Den besten Blick auf den Hauptbahnhof bzw. das Regierungsviertel genießen Sie von diesem neuen 3-Sterne-Haus direkt neben den Gleisen. Schallschutzfenster sorgen dafür, dass Sie vom Bahnhofslärm nicht viel mitbekommen. Die Zimmer sind modern gestaltet mit Fernseher und eigenem Bad. Im sogenannten Minidorm für bis zu vier Personen können Sie auch mit netten anderen Berlinbesuchern gemeinsam nächtigen, das kostet dann nur ca. 13 Euro. Es gibt auch extra Zimmer nur für Frauen. *DZ 44–118 Euro | 296 Zi. | Ella-Trebe-Str. 9 | Tel. 98 32 10 73 | www.meininger-hotels.com | U-/S-Bahn Hauptbahnhof | Tiergarten*

MOTEL ONE [160 C4]
Gehobener Standard bei niedrigen Preisen ist das Erfolgsrezept diese Designerhotelkette. Eine gute Adresse für alle, die zwar auf den Preis schauen (Doppelzimmer ab 59 Euro/ Nacht ohne Frühstück), aber auch Regendusche, Flachbildfernseher und WLAN auf dem Zimmer schätzen. Das Hotel am Stadtrand im Süden Berlins ist zwar etwas abgelegen, dafür aber günstiger als die Filialen in der City. Die Autobahn ist nicht weit. *DZ 49 Euro | 105 Zi. | Heinrich-Hertz-Str. 6 | Tel. 76 68 69 86 | www.motel-one.com | Bus 628 Albert-Einstein-Ring | Kleinmachnow*

MÜGGELSEEPENSION [141 D5]
Idyllischer gehts nimmer: Direkt am Spreezulauf zum Müggelsee können Sie herrliche Spaziergange am Ufer unternehmen oder mit dem Ausflugsdampfer Richtung Innenstadt schippern. Die kleine Pension bietet gemütlich eingerichtete Einzel- und Doppelzimmer (inkl. Frühstück) mit eigenem Bad sowie eine Ferienwohnung für bis zu vier Personen (ab 59 Euro). Wer länger als vier Nächte bleibt, bekommt ca. 10 Prozent Rabatt! *DZ 53–74 Euro, Ap. ab 59 Euro | 9 Zi. | Josef-Nawrocki-Str. 12 | Tel. 64 09 03 26 | www.mueggelseepension.de | Tram 60 Bölschestraße | Friedrichshagen*

PENSION 11. HIMMEL [161 E3]
Inside Tipp

Plattenbaufeeling und Landhausromantik in einem? Ein Aufenthalt im

> www.marcopolo.de/berlin

SCHLAFEN

Marzahner Plattenbau mit wahlweise Bett im Kornfeld oder Königinnenbett ist ein einmaliges und zumal äußerst preiswertes Erlebnis (16 Euro pro Person inkl. Frühstück!). In der Pension 11. Himmel am Stadtrand von Berlin haben Kinder und Jugendliche des benachbarten Freizeitzentrums eine kleine, sehr bunt und kreativ gestaltete Herberge geschaffen mit Gästeküche, Kaminsalon und Bibliothek. *DZ 32 Euro | 6 Zi. | Wittenberger Str. 85 | Tel. 93 77 20 52 | www.pension-11himmel.de | M 8 Wittenberger Straße | Marzahn*

PENSION KNESEBECK [136 C3]
Günstige Bleibe in der Nähe des Ku'damms: Die Zimmer sind schlicht gestaltet mit Holzmöbeln. Viele Restaurants und Bars befinden sich in der Nähe, zum Zoo und Kurfürstendamm ist es ebenfalls nicht weit. *DZ 62–67 Euro | 10 Betten | Knesebeckstr. 86 | Tel. 312 72 55 | www.pensionknesebeck.de | S 3, 5, 7, 75 Savignyplatz | Charlottenburg*

ROCK'N'ROLL HERBERGE [159 E1]
Sieben Zimmer zum kleinen Preis bietet diese Szeneherberge im Herzen von Kreuzberg. Die Zimmer sind mit Wandmalereien von rockenden Musikern geschmückt und mit Holz- oder Metallbetten eingerichtet. Im Foyer können Sie ein Bierchen trinken und Billard oder Kicker spielen. Und vielleicht treffen Sie ja den Rock- oder Popstar von morgen, da hier tatsächlich viele Bands übernachten. *DZ ab 49 Euro, Dreibettzi. 69 Euro, Vierbettzi. 79 Euro inkl. Frühstück | 7 Zi. | Muskauer Str. 11 | Tel. 61 62 36 00 | www.rnrherberge.de | U 1 Görlitzer Bahnhof | Kreuzberg*

STEPS [143 D1]
Auch Familien oder Senioren mit Toleranz für temperamentvolle Jugendgruppen können sich wohlfühlen in diesem im Ikea-Stil eingerichteten Weddinger Jugendhotel, das von einem schwäbischen Ehepaar sehr persönlich geführt wird. Im Mehrbettzimmer teilen Sie sich das Bad mit Dusche und WC jeweils mit einem weiteren Zimmer. Halbpension möglich. *DZ 59 Euro, Dreibettzi. 86 Euro, Vierbettzi. 110 Euro inkl. Frühstück | 96 Betten | Liebenwalder Str. 22 | Tel. 457 98 40 | www.steps-hotel.de | U 6 Seestraße | Wedding*

116 | 117

Im 5-Sterne-Hotel zu nächtigen ist in Berlin gar nicht so teuer, wie Sie vielleicht denken. Besonders Arrangements, die Sie am besten über das Internet buchen, machen einen Luxus-Aufenthalt an der Spree zum Schnäppchen. Bei Reiseveranstaltern wie Dertour, Neckermann oder Tui zahlen Sie während der Wintersaison für drei Tage im Nobelhotel, inklusive Frühstück und freiem Zugang zum Wellnessbereich, weniger als 500 Euro pro Zimmer! Internetplattformen, wie z. B. *www.holidaycheck.de*, zeigen die besten Angebote an.

BRISTOL HOTEL KEMPINSKI BERLIN [136 C4]

Das Kempinski ist immer noch die bekannteste Nobelherberge im Westen Berlins: Direkt am Ku'damm gelegen können Sie hier stilvoll und luxuriös übernachten. Ein klassisch eingerichtetes 21 m² großes Doppelzimmer bekommen Sie zu bestimmten Zeiten, etwa im Januar, schon ab 99 Euro pro Nacht, inklusive Nutzung des Spa-Bereichs. *DZ ab 99 Euro | 246 Zi., 55 Suiten | Kurfürstendamm 27 | Tel. 88 43 40 | www.kempinskiberlin.de | U 1 Uhlandstraße | Charlottenburg*

SOFITEL KURFÜRSTENDAMM [137 D3]

New-York-Style in Berlin: In diesem 5-Sterne-Designerhotel im Art-déco-Stil mit großzügigen Zimmern und Suiten ganz in der Nähe des Ku'damms fühlen Sie sich fast wie in Manhattan. Der 17-stöckige Bau wurde von Jan Kleihues entworfen. Schon für ca. 115 Euro (regulär 144 Euro) pro Nacht können Sie im 40 m² Doppelzimmer mit allem erdenklichen Komfort und Originalen von deutschen Künstlern nächtigen. Zahlen müssen Sie bei diesem Schnäppchenpreis sofort nach der Buchung, und es gibt keine Stornomöglichkeit. 🐖 Kinder (bis 12 J.) übernachten kostenlos. *DZ ab 115 Euro ohne Frühstück | 311 Zi. u. Suiten | Augsburger Str. 41 | Tel. 800 99 90 | www.sofitel.com | U 1, 9 Kurfürstendamm | Wilmersdorf*

HOTEL PALACE BERLIN [137 E3]

Zum KaDeWe ist es vom 5-Sterne-Hotel ein Katzensprung, zum Ku'damm ebenfalls: Vom Shoppen können Sie sich im

SCHLAFEN
LUXUS LOW BUDGET

ca. 35 m² großen Zimmer mit Möbeln im altenglischen Stil erholen. Berühmt ist das mit einem Michelinstern gekrönte Gourmetrestaurant first floor, das Sie am günstigsten im Rahmen eines vom Hotel angebotenen Arrangements besuchen, z. B. das Gourmetarrangement „Rendevous mit den Sternen": zwei Übernachtungen mit Gourmetmenü und Besuch eines weiteren Gourmetrestaurants für 525 Euro pro Person im Doppelzimmer (regulär ca. 700 Euro). *DZ ab 145 Euro ohne Frühstück | 250 Zi, 32 Suiten | Budapester Str. 45 | Tel. 25 02 11 9 | www.palace.de | U 1, 2 Wittenbergplatz | Charlottenburg*

PULLMAN BERLIN
SCHWEIZERHOF   [137 F3]
Berühmt für seinen Komfort und den modernen Wellnessbereich können Sie im Berlin Schweizerhof bereits ab ca. 129 Euro (regulär 200 Euro) pro Nacht ein 24 m² großes, modern eingerichtetes Doppelzimmer buchen. Allerdings müssen Sie mindestens 4 Wochen vorher buchen und Sie haben keinerlei Stornomöglichkeit. 🐷 Kinder unter 12 Jahren übernachten in der Lachs-Zimmerkategorie gratis im Zimmer ihrer Eltern. Das Hotel befindet sich ganz in der Nähe vom Zoologischen Garten und der Gedächtniskirche. *DZ ab 129 Euro | 383 Zi, 10 Suiten | Budapester Str. 25, Tel. 269 60 | www.pullmanhotels.com | U 1, 2 Wittenbergplatz | Charlottenburg*

THE RITZ CARLTON   [149 F4]
Das internationale Grandhotel, gestaltet in der Tradition des amerikanischen Art-déco-Stils, punktet nicht nur mit seiner tollen Lage direkt am Potsdamer Platz. Ein Doppelzimmer können Sie hier schon ab 53 Euro pro Person buchen, wer gern ein Musical oder eine Show besuchen möchte, wird mit einem Arrangement glücklich. Für ca. 173 Euro pro Person ist z. B. die Show „Blue Man Group" inklusive (*buchbar über die Internetplattform www.musicals-4-you.de*). Praktisch: Das Stage-Bluemax-Theater ist ganz in der Nähe. *DZ ab 106 Euro | 303 Zi, 40 Suiten | Potsdamer Platz 3 | Tel. 33 77 77 | www.ritzcarlton.com | U-/S-Bahn Potsdamer Platz | Tiergarten*

> Abenteuer und Action für Kids gibt es nirgends so viel wie in Berlin. Vieles davon kostet keinen Cent, das freut die Eltern, und es bleibt noch was übrig für das eine oder andere Eis!

Na klar! Kinder lieben die Großstadt. Spannende Museen und Abenteuerspielplätze gibt es so viele, dass man längst erwachsen ist, bis man alle kennengelernt hat. Und vor allem, Spaß und Spiel in der Stadt müssen nicht teuer sein. Das zeigen die vielen kostenlosen Kinder- und Straßenfeste oder die Mitmachveranstaltungen in Kultureinrichtungen. Ob Akrobatik üben im Kinderzirkus oder planschen im Park, eines kommt bei Ihnen und Ihren Kleinen gewiss nicht auf – Langeweile! Und wer zwischendrin Hunger bekommt, geht einfach günstig eine Pizza essen in einem Kindercafé (S. 125) oder zaubert aus der Picknicktasche Leckeres für das Essen auf der grünen Wiese des Kinderbauernhofs (S. 122). So wird ein Aufenthalt in Berlin garantiert auch für Ihren Nachwuchs ein unvergessliches Erlebnis und für Sie schön preiswert. Ein Glück!

ABENTEUER & ACTION

ABENTEUER MUSEUM

Der böse Wolf ist eigentlich nur ein Horn, jedenfalls im Stück „Peter und der Wolf" von Sergei Prokofjew. Im

MIT KINDERN

Musikinstrumentenmuseum können Kleine spielerisch das Stück erkunden und die Wirkung der Instrumente. Auch in fast allen staatlichen Museen finden regelmäßig Kinderführungen und Workshops für wenig Geld statt. Die Betreuer haben eine musische, kunsthistorische und pädagogische Vorbildung und schaffen es, Kinder für die Ausstellungen zu begeistern. Das aktuelle Programm finden Sie im Internet oder können Sie telefonisch erfragen. *Kosten 3–5 Euro | Tel. 266 42 42 42 | www. museumsportal-berlin.de*

ABENTEUERSPIELPLATZ
KOLLE 37 🐷   [145 D4]

Rabauken im Paradies: Hier bauen Kinder ihr Traumhaus oder streicheln Kaninchen, und im Sommer flackert ein fröhliches Lagerfeuer, das alles bei freiem Eintritt. Bei Regen können Kinder in der Tischlerei werken, Körbe flechten lernen und sogar schmieden. Geeignet für Kinder von 6–14 Jahren. Es gibt aber auch einen Kleinkinderbereich. *Eintritt frei | Mo–Fr 12–19, Sa 13–18 Uhr | Kollwitzstr. 35–37 | Tel. 442 81 22 | www. kolle37.de | U 2 Senefelderplatz | Prenzlauer Berg*

CABUWAZI   [152 A3]

Jonglieren lernen ist ganz leicht: Im Zirkuszelt des Berliner Kinderzirkus-Projekts dürfen nicht nur Berliner Kinder mitmachen, sondern alle, die Lust dazu haben. Beim Jonglieren, Diabolo werfen und Seiltanzen während des 🐷 offenen Trainings *(Teilnahme kostenlos, ab 9 Jahre, Di, Mi 15–18 Uhr)* haben die Kleinen garantiert jede Menge Spaß. Weitere Termine und Veranstaltungen im Internet abfragen. *Bouchéstr. 74 | Tel. 60 96 95 63 | www.cabuwazi.de | S 8, 9, 41, 42 Treptower Park | Treptow*

FREIZEITPARK TEGEL 🐷 [160 C2]

Planschen und andere nass spritzen – in der heißen Jahreszeit wollen Kinder am liebsten im Wasser tollen. Ein Wasserspielplatz am Nordostufer des Tegeler Sees bringt Ihre Kleinen bestens auf Trab. Dort gibt es auch eine Seilbahn, Schaukeln und nebenan jede Menge Wiese zum Toben oder Federball spielen. Schläger können Sie ausleihen. Wer hungrig wird, kann sich am Imbiss auf dem Gelände mit Pommes und Würstchen eindecken. *Eintritt frei | Mai–Sept. 8–17 Uhr | An der Malche | Tel. 434 66 66 | U 6 Alt-Tegel | Tegel*

JUGENDFARM IM MAUERPARK 🐷 [145 D4]

Ponys, Schweine, Schafe und jede Menge Kaninchen geben den Ton an, während Kinder hier lernen auszumisten. In der angrenzenden Werkstatt darf man töpfern, schmieden oder filzen. Gleich gegenüber befindet sich das Café Niesen, in dem Eltern in Ruhe Zeitung lesen können und Kaffee trinken, während der Nachwuchs die Ziegen kämmt. *Eintritt frei | Mo–Fr 11.30–18, Sa 13–18, März–Aug. bis 18.30, Tierfütterung um 17 (im Sommer 17.30) Uhr | Schwedter Str. 90 | Tel. 44 02 42 20 | www.jugendfarm-moritzhof.de | U-/S-Bahn Schönhauser Allee | Prenzlauer Berg*

KINDERBAD MONBIJOU [139 D1]

Das Gejuchze der kleinen Schwimmer spricht für sich – hier zeigt sich Berlin von seiner kinderfreundlichsten Seite. Mitten im Touristen-Bermudadreieck dürfen Kinder im eigenen Schwimmbad den Sommer genießen. Die Becken sind nicht tiefer als 1,30 m, der Eintritt für wenig Geld verlockt zum mehrfachen Besuch. Wer älter als 15 Jahre ist, muss draußen bleiben, sofern er oder sie nicht ein Kind begleitet. *Eintritt 4 Euro, erm. 2,50 Euro | Mai–Sept. Mo–Fr 11–19, Sa, So 10–19 Uhr | Oranienburger Str. 78 | Tel. 282 86 52 | www.berlinerbaederbetriebe.de | S 1, 2, 25 Oranienburger Straße | Mitte*

❯ www.marcopolo.de/berlin

MIT KINDERN

DIE NISCHE 🐷 [152 B3]

Der Name ist Programm: Zwischen Fernbahngleisen und Rudolfplatz hält sich wacker ein kleiner Abenteuerspielplatz mit Baumhaus, afrikanischer Lehmhütte, indianischer Klanghütte zum Musizieren sowie kleinem Streichelzoo mit Ziegen, Kaninchen und Frettchen. Der Grillplatz mit Bank und Tisch wird gern für Kindergeburtstage reserviert. Trommelworkshops, Töpfern, Tanz und Hausaufgabenbetreuung gehören zum Programm des Jugend- und Kinderfreizeithauses. *Eintritt frei | Mo– Sa 12–19 Uhr | Am Rudolfplatz 17 | Tel. 29 66 69 02 | U-/S-Bahn Warschauer Straße | Friedrichshain*

ÖKOINSEL 🐷 [161 E3]

Ein Ausflug in die Natur lohnt sich auch in der Stadt: Ein kleines Tropenhaus, Arznei- und Gemüsegarten sowie Bienenstöcke und ein Lehmbackofen bringen Spaß auf dem Gelände des Freizeit- und Erholungszentrums (FEZ), Europas größtem Kinder- und Jugendzentrum. Kinder und Eltern erfahren eine Menge über Insekten, Imkerei, tropische Pflan-

Cabuwazi bringt Ihren Kindern Jonglieren oder die Kunst des Diabolowerfens bei

122 | 123

zen, Brotbacken und Naturheilkunde. Oder wie wäre es mit Papierschöpfen? *Eintritt frei | März–Okt. Mi, Do 14–16 Uhr (außer Sommerferien) | An der Wuhlheide 197 | Tel. 53 07 14 47 | www.fez-berlin.de | S 3 Wuhlheide | Köpenick*

PARKEISENBAHN [161 E3]

Ihre Kids wollen später mal Lokomotivführer werden? In der Wuhlheide, Berlins 166 ha großer grüner Lunge, gibt es eine Parkeisenbahn mit echten Waggons und Dampf-Lokomotive! Schaffner, Schrankenwärter und sogar Zugführer sind Kinder, die zuvor in Kursen dafür ausgebildet wurden. Man kann eine Rundfahrt machen oder ein paar Stationen fahren. *Rundtour 3,50 Euro, Kinder bis 14 Jahre 2 Euro, Kurzstrecke 2,50 Euro, Kinder 1,50 Euro | April–Okt., Fahrzeiten tel. erfragen | An der Wuhlheide | Tel. 53 89 26 60 | www.parkeisenbahn.de | S 3 Wuhlheide | Köpenick*

Insider Tipp

WALDSPIELPLÄTZE

Mitten im Wald rutschen oder Seilbahn fahren kann man auf dem Waldspielplatz am Schildhorn im Grunewald. Die Spielgeräte sind aus Naturmaterialien gestaltet: Hölzerne Spielschiffe, Kletterspinnen und Rutschentürme passen sich prima in die Umgebung ein und versüßen Kindern den Waldspaziergang. Tische und Bänke laden zum Picknicken ein, z. B. auch in Hermsdorf am Ende der Schulzendorfer Straße, außerdem in der Nähe des Müggelsees, Zufahrt über Müggelseedamm, Jagen 309. Wo sich weitere Waldspielplätze befinden, erfährt man beim Landesforstamt unter der *Tel. 64 19 37 30. Eintritt frei*

ESSEN & TRINKEN

CHARLOTTCHEN [147 D5]

Berühmt kinderfreundlich und günstig dazu! Saft oder Limo für die Kleinen kostet hier nur 1 Euro (0,1 l), und wenn Sie mal ohne die Gören entspannen wollen, schicken Sie sie einfach für ein Weilchen nach nebenan ins Tobezimmer. Am liebsten schauen sich die Kinder aber eines der Theaterstücke an, die mehrmals wöchentlich im benachbarten Bühnenraum gezeigt werden. *Mo–Fr ab 15, Sa, So ab 10 Uhr | Droysenstr. 1 | Tel. 324 47 17 | www.mosaik-services.de | S 5, 7, 8, 75 Charlottenburg | Charlottenburg*

> www.marcopolo.de/berlin

MIT KINDERN

LA PAUSA [144 B4]

Die hervorragende Pizza bei gleichzeitig sehr gutem Preis-Leistungs-Verhältnis (ab 2,20 Euro!) führt Erwachsene mit Kindern regelmäßig hierher. Wer seine Pizza vor Ort essen möchte, nimmt auf einem der Fenstersitze Platz und schaut sich beim Essen das quirlige Treiben auf der Kreuzung an. Superangebot: Das **Insider Tipp** Kindermenü mit Pizza, Getränk und Überraschung nach Wahl kostet nur 3,50 Euro! Sehr freundlicher Service. *Mo–Sa 11–0, So 12–0 Uhr | Torstr. 125 | Tel. 24 08 31 08 | U 8 Rosenthaler Platz | Mitte*

STEINECKE [144 A4]

Ein kleiner 🐷 Spielbereich erfreut Kinder im Café Steinecke. Günstig bestellt man sich in Selbstbedienung Saft (1,50 Euro), Kaffee (2 Euro) und Kuchen (ca. 1,50 Euro) und kann in der Spielbäckerei prima verweilen und die Kids Stoffbrot backen lassen. Ideal im Sommer nach einer Wasserschlacht in der neue Plansche oder dem Besuch des tollen Leuchtturmspielplatzes gegenüber. *Mo–Fr 6–20, Sa 6.30–18, So 7–16 Uhr | Elisabeth-Schwarzhaupt-Platz 1 | S 1, 2, 25 Nordbahnhof | Mitte*

KULTUR FÜR KINDER

DEUTSCHES TECHNIKMUSEUM [142 C2]

Wie entsteht eigentlich Papier, und warum gehen Schiffe nicht unter? Diese und 1000 andere Fragen klärt die spannende Sammlung des Technikmuseums, eines der größten der Welt! Beeindruckend ist auch die Flugzeugabteilung mit vielen echten Fliegern, und für Bahnfans ist der riesige Lokschuppen mit alten Zügen ein Hit. Sie dürfen sogar einsteigen und wie zu alten Zeiten Platz nehmen. *Eintritt 6 Euro, erm. 3,50 Euro,* 🐷 *ab 15 Uhr Eintritt frei für Kinder u. Schüler | Di–Fr 9–17.30, Sa, So 10–18 Uhr | Trebbiner Str. 9 | Tel. 90 25 40 | www.sdtb.de | U 1 Gleisdreieck | Kreuzberg*

JUGENDMUSEUM SCHÖNEBERG 🐷 [156 C4]

27 aufgeklappte Wunderkisten mit Dingen der Alltagskultur und zur Geschichte Berlins regen an, Fragen zu stellen, auf die Kinder sonst vielleicht nicht gekommen wären. Was zum Beispiel ist eine Lumpenpuppe, und wieso opferten die Germanen Tiere, um die Götter gnädig zu stimmen? Prima, um sein Wissen zu erweitern. *Eintritt frei | Mo–Do, Sa, So 14–18,*

Fr 9–14 Uhr | Hauptstr. 40–42 | Tel. 902 77 62 14 | www.jugendmuseum. de | S 1 Schöneberg | Schöneberg

Insider Tipp KULISSENFÜHRUNG DEUTSCHE OPER [147 E3]

Gehen Sie doch mal mit Ihren Kinder nicht in die Oper, sondern hinter die Oper: Wer wissen will, wie es auf einer Bühne aussieht, sollte an einer Familienführung durch die bühnentechnischen Werkstätten, die Bühne und das Bühnenbildmagazin der Deutschen Oper in Charlottenburg teilnehmen. Die kindgerecht aufbereitete Tour wird an ausgewählten Samstagnachmittagen angeboten und dauert 60 Minuten (für Kinder ab 6 Jahre). *Teilnahme 5 Euro | Termine im Internet unter Familienführung | Bismarckstr. 35 | Tel. 343 84 01 | www.deutscheoperberlin.de | U 2 Deutsche Oper | Charlottenburg*

LABYRINTH KINDERMUSEUM [161 D3]

Spielen in einer ehemaligen Zigarettenfabrik und dabei noch etwas lernen: Wechselnde Ausstellungen zu Themen wie Anderssein, Groß und Klein oder Weltkulturen lassen die

CLEVER!

> *Kostenloser Internetstadtführer für Kinder*

Ihre Kinder suchen Abenteuer in den Straßen von Berlin? „Sidney in Berlin" heißt ein Hörspiel, das gratis aus dem Internet heruntergeladen werden kann *(www.berlincitikids.de/?q=download)*. Die Geschichte um einen ausgerissenen Hund namens Sidney und zwei Kinder, die sich allein in der Stadt zurechtfinden müssen, weil ihr Onkel sie nicht vom Bahnhof abgeholt hat, ist nicht nur spannend, sondern prima bildend. Kinder erfahren ganz nebenbei jede Menge über die Berliner Sehenswürdigkeiten, Museen und Leute wie den Rikschafahrer Tourbo und einen Puppentheaterdirektor. Rund drei Stunden dauert es, wenn man den Spuren von Sidney und seinen Freunden durch die Stadt folgt. Ein Superspaß für Kinder ab ca. 10 Jahren! Tipp: Man kann die Geschichte auch als CD bekommen beim Medienzentrum Clip *(Postfach 30 32 48 | 10729 Berlin)*. Bitte Rückporto (1,45 Euro) beilegen, damit die CD versandt werden kann.

> *www.marcopolo.de/berlin*

MIT KINDERN

Stunden für die Kleinen wie im Flug vergehen. Anfassen und (be)greifen ist ausdrücklich erlaubt. Hier können Sie Ihre Kinder (ab ca. 7 Jahren) auch prima alleine lassen, es ist genügend Aufsichtspersonal da. Achtung: Stoppersocken mitbringen. *Eintritt 5,50 Euro, Fr nur 4,50 Euro, Familien (bis zu 6 Pers., max. 2 Erw.) 16 Euro | Fr, Sa 13–18, So/Fei 11–18 Uhr, in den Berliner Schulferien Mo– Fr 9–18, Sa 13–18, So/Fei 11–18 Uhr | Osloer Str. 12 | Tel. 800 93 11 50 | www.labyrinth-kindermuseum. de | U 8 Pankstraße | Wedding*

MÄRCHENHÜTTE [139 D1]

Rotkäppchen, Rapunzel und Rosenrot erwachen hier am Rande des Monbijouparks auf zauberhafte Weise zu neuem Leben. In einer urigen Holzkate, die vorher in einem polnischen Wald stand, werden Kinder (ab 4 Jahren) in kurzweiligen Vorstellungen in die Märchenwelt entführt. Die Aufführungen finden nur im Winter statt, wenn ein lustiges Feuer im Ofen das Häuschen, das auf einem Bunker steht, erwärmt. Um 10 Uhr kostet die Vorstellung für alle nur 4 Euro statt 9 bzw. 5 Euro! *Eintritt 9 Euro, Kinder 5 Euro | Nov.–Feb. | Monbijoustr. | Tel. 288 86 69 99 | www.maerchenhuette.de | S 1, 2, 25 Oranienburger Straße | Mitte*

MÄRKISCHES MUSEUM [151 D3]

Freiwillig die Schulbank drücken? Im historischen Klassenzimmer dürfen Sie nachsitzen und sogar mit einem Gänsekiel schreiben. Kinder finden auch die alten Schiefertafeln und Ranzen exotisch. Die Sammlung „Kindheit und Jugend" befindet sich im Märkischen Museum (S. 25), dem Heimatmuseum Berlins. Das hält auch noch jede Menge anderer spannender Ausstellungsstücke bereit: etwa Stadtmodelle der alten Doppelstadt Berlin-Cölln. Im Automatophone-Raum werden jeden Sonntag um 15 h mechanische Musikinstrumente vorgeführt und erläutert. Spannendes über die natürliche Umgebung Berlins und ihre tierischen Bewohner erfährt man in der Ausstellung „Frag deine Stadt!", u. a. lernt man hier den Pupsfisch kennen.

SCIENCE CENTER [149 F4]

Wie fühlt es sich an, wenn man gelähmt im Rollstuhl sitzt, und was leistet unser Gehirn, während wir einen Stift auffangen? Solche und ähnliche Fragen lassen sich im neuen Science Center des Medizintechnikunternehmens Otto Bock am Potsdamer Platz klären. An den vielen interaktiven Stationen haben nicht nur technikaffine Kids ihren Spaß. *Eintritt frei | Do–So 10–18 Uhr | Ebertstr. 15 A | Tel. 398 20 60 | www. sciencecenterberlin.com | U-/S-Bahn Potsdamer Platz | Mitte*

WASSERWERK FRIEDRICHSHAGEN [161 E4]

Auf zum Müggelsee! Dort können Sie nicht nur baden, sondern auch ein tolles Technikdenkmal besuchen. In

Kinder und Erwachsene lieben die Theateraufführungen in der Märchenhütte

MIT KINDERN

einem der ältesten Wasserwerke lernen Sie alles über die Trinkwassergewinnung. Im Maschinenhaus mit drei Schöpfmaschinen kann man studieren, wie früher das Wasser aus dem Müggelsee geholt wurde. *Eintritt 2,50 Euro, erm. 1,50 Euro,* 🐷 *Kinder unter 14 frei* | *April–Okt. Fr, Sa 10–18, So 10–16, Nov.–März Fr–So 11–16 Uhr* | *Müggelseedamm 307* | *Tel. 86 44 76 95* | *www.museum-im-wasserwerk.de* | *Tram 60 Altes Wasserwerk* | *Friedrichshagen*

SHOPPING

Insider Tipp

BONBONMACHEREI [150 B1]

Wie werden eigentlich Bonbons hergestellt? In der 🐷 Schauwerkstatt können Kinder nicht nur zuschauen wie der Bonbonteig verarbeitet wird, sondern werden zwischendurch mit warmen Bonbonkugeln verköstigt. Natürlich kann man die fertigen Drops auch kaufen, zehn Stück kosten nur ca. 1 Euro. Von Limetten- bis Lakritzbonbons ist alles dabei. Lecker! *Eintritt frei* | *Sept.–Juni Mi–Sa 12–20 Uhr (Winterpause 1. oder 2. Januarwoche)* | *Oranienburger Str. 32* | *Tel. 44 05 52 43* | *www.bonbonmacherei.de* | *S 1, 2, 25 Oranienburger Straße* | *Mitte*

DORNRÖSCHEN [145 D1]

Im Souterrain wandern Mütter mit Kindern nach Herzenslust an üppig beladenen Kleiderstangen mit gebrauchter Kinder-, Schwangeren- und Damenmode entlang oder decken sich günstig mit gut erhaltenen Schuhen ein. Auch herrlich altmodische Kinderwagen gibt's hier. *Mo–Fr 12–19, Sa 12–16 Uhr* | *Schönhauser Allee 64* | *Tel. 47 08 07 31* | *U-/S-Bahn Schönhauser Allee* | *Prenzlauer Berg*

FRAUEN UND KINDER ZUERST [145 D3]

Kein Rettungsboot, aber manchmal Hilfe in letzter Not, wenn mal wieder das Lätzchen vergessen wurde oder die Windelhose plötzlich kneift. Die Auswahl an Kinder-Secondhandmode ist zwar nicht riesig, dafür sind die einzelnen Kleidungsstücke und Accessoires in einem Top-Zustand und äußerst hübsch präsentiert. Männer dürfen natürlich auch stöbern. *Mo 14–19, Di–Fr 11–19, Sa 11–16 Uhr* | *Kollwitzstr. 92* | *Tel. 75 56 85 64* | *M 10 Husemannstraße* | *Prenzlauer Berg*

HILLY'S [145 D4]

Strampler für 3 Euro, eine Reitkappe für 12 Euro – der Laden pro-

128 | 129

fitiert vom Kinderreichtum der Nachbarschaft und glänzt mit einer üppigen Auswahl. Von H&M- bis Gucci-Kindermode ist alles vorhanden, was Kind so braucht. Auch Schaukelpferde und Kinderwagen sind hier keine Ladenhüter. Für Schnäppchenjäger eine wahre Fundgrube. Der Abenteuerspielplatz Kolle 37 (S. 121) ist gleich nebenan, sollten ihre Kinder mal keine Lust haben, beim Stöbern dabei zu sein. *Mo–Sa 11–19 Uhr | Kollwitzstr. 39 | Tel. 44 32 86 71 | U 2 Senefelderplatz | Prenzlauer Berg*

LUMPENPRINZESSIN [156 C3]
Kleine Kunden sind König und Königin, und die Lumpen finden hier höchstens in einer der vielen Märchenbücher zum Schnäppchenpreis (ab 1 Euro) Erwähnung. Die Kinderkleidung ist gut erhalten, viele Markenstrampler und Holzspielzeug warten auf neue Besitzer. Auch Hochstühle, Kinderwagen und Autositze gibt's in großer Auswahl. In der Filiale in der Barbarossastraße 61 (Schöneberg) kleiden sich größere Kinder und Jugendliche günstig mit Klamotten aus zweiter Hand ein,

CLEVER!
> Braunbär gucken für 0 Euro

Um das Berliner Wahrzeichen zu besuchen, müssen Sie nicht unbedingt viel Eintritt zahlen und in den Zoologischen Garten oder Tierpark gehen. Komplett kostenlos beobachtet man nämlich im historischen Bärenzwinger aus Backstein hinter dem Märkischen Museum eine Braunbärin namens Schnute, wie sie ihren Kopf in die Sonne hält und an dem Grünzeug knabbert, das edle Spender im Zwinger abgegeben haben. Zwischen Mai und September können Sie täglich bei der Futtersuche, das Essen wird versteckt, zuschauen. Von November bis März hält Schnute Winterruhe und ist daher selten zu sehen. Übrigens: Am 28. Oktober wird hier jedes Jahr der Geburtstag Berlins gefeiert – mit einer Extraportion Futter! *Eintritt frei | tgl. Mai–Sept. 7.30–18.30, April, Okt. 8–16.30, Nov.–März 8–15.30 Uhr | Am Köllnischen Park/Rungestr. | Tel. 564 84 67 | www.berliner-baerenfreunde.de | U 2 Märkisches Museum | Mitte*

> *www.marcopolo.de/berlin*

MIT KINDERN

z.B. mit Hosen ab 5 Euro. *Mo–Fr 10.30–18.30, Sa 11–15 Uhr | Kyffhäuserstr. 19 | Tel. 23 63 18 88 | www. lumpenprinzessin.de | U 7 Eisenacher Straße | Schöneberg*

Insider Tipp

PUSTEBLUME [161 D3]
Ihr Kinderwagen ist kaputt, oder Sie brauchen auf die Schnelle einen Autositz? Für wenig Geld können Sie in diesem Secondhandladen das Gewünschte mieten oder reparieren lassen. Und für Faschingsfans ist dieser Laden sowieso das Paradies. Über 200 Kinderkostüme werden ebenfalls für schlappe 5 Euro pro Woche ausgeliehen. Vielleicht finden Sie nebenbei ja auch noch eine hübsche Latzhose für 2,50 Euro oder einen Strampler für 2 Euro. *Mo–Fr 9–18.30 Uhr | Paul-Robeson-Str. 3 | Tel. 44 71 59 07 | www.pusteblume-kinder-secondhand.de | U-/S-Bahn Schönhauser Allee | Prenzlauer Berg*

SCHOKOLADENKAUFHAUS [138 C4]
Fassbender & Rausch am Gendarmenmarkt ist das größte Schokoladenkaufhaus der Welt! Schon ein Schaufensterbummel macht hier Appetit: Das Brandenburger Tor, der Reichstag und der Fernsehturm sind aus Schokolade nachgebaut. Drinnen gibt es noch mehr Schoko-Kunstwerke (🐷 Besichtigung kostenlos), zudem fließt aus einer Art Minivulkan ohne Unterlass glänzende, flüssige Schokolade. Naschkatzen wollen natürlich auch mal probieren. Kleine Täfelchen gibt es schon ab 15 Cent! *tgl. 11–20 Uhr | Charlottenstr. 60 | Tel. 20 45 84 43 | www.fassbender-rausch.de | U 2, 6 Stadtmitte | Mitte*

STEIFF IN BERLIN [137 D4]
Ein Spaziergang durch die riesige Auswahl an Plüschtieren im Laden der berühmten Stofftierfirma lässt Sie in eine faszinierende Welt eintauchen. Niedliche Teddys tummeln sich auf den Regalen, Affen schwingen sich von Ständer zu Ständer, aber auch Sammlerstücke in limitierter Auflage lassen Eltern und Kinder staunen. Erfinderin des Teddys ist die Schwäbin Margarete Steiff, die ihr Unternehmen 1880 gründete. Sie benannte den Spielzeugbären nach Teddy Roosevelt, den damaligen US-amerikanischen Präsidenten. *Mo–Fr 10–20, Sa 10–19 Uhr | Kurfürstendamm 220 | Tel. 88 62 50 06 | www. steiff.com | U 9 Kurfürstendamm | Charlottenburg*

KARTENLEGENDE

Deutsch			Français / Italiano
Autobahn / Motorway (Freeway)			Autoroute / Autostrada
Vierspurige Straße / Road with four lanes			Route à quatre voies / Strada a quattro corsie
Bundes-/Fernstraße / Federal / trunk road			Route fédérale / nationale / Strada statale / di grande comunicazione
Hauptstraße / Main road			Route principale / Strada principale
Fußgängerzone – Einbahnstraße / Pedestrian zone – One way road			Zone piétonne – Rue à sens unique / Zona pedonale – Via a senso unico
Hauptbahn mit Bahnhof / Main railway with station			Chemin de fer principal avec gare / Ferrovia principale con stazione
U-Bahn / Underground (railway)			Métro / Metropolitana
Buslinie – Straßenbahn / Bus-route – Tramway			Ligne d'autocar – Tram / Linea d'autobus – Tram
Information – Jugendherberge / Information – Youth hostel			Information – Auberge de jeunesse / Informazioni – Ostello della gioventù
Kirche – Sehenswerte Kirche / Church – Church of interest			Église – Église remarquable / Chiesa – Chiesa di notevole interesse
Synagoge – Moschee / Synagogue – Mosque			Synagogue – Mosquée / Sinagoga – Moschea
Polizeistation – Postamt / Police station – Post office			Poste de police – Bureau de poste / Posto di polizia – Ufficio postale
Krankenhaus / Hospital			Hôpital / Ospedale
Denkmal – Funk- oder Fernsehturm / Monument – Radio or TV tower			Monument – Tour d'antennes / Monumento – Pilone radio o TV
Theater – Taxistand / Theatre – Taxi rank			Théâtre – Station taxi / Teatro – Posteggio di tassì
Feuerwache – Schule / Fire station – School			Poste de pompiers – École / Guardia del fuoco – Scuola
Freibad – Hallenbad / Open air -/ Indoor swimming pool			Piscine en plein air – Piscine couverte / Piscina all'aperto – Piscina coperta
Öffentliche Toilette – Ausflugslokal / Public toilet – Restaurant			Toilette publique – Restaurant / Gabinetto pubblico – Ristorante
Parkhaus – Parkplatz / Indoor car park – Car park			Parking couvert – Parking / Autosilo – Area di parcheggio

CITYATLAS BERLIN

> Auf der nächsten Seite finden Sie eine *Übersichtskarte* mit den 10 wichtigsten Sehenswürdigkeiten

> Eine *Umgebungskarte* vom Großraum Berlin befindet sich auf den Seiten 160/161

> Das *Straßenregister* (ab Seite 162) enthält eine Auswahl der im Cityatlas dargestellten Straßen und Plätze

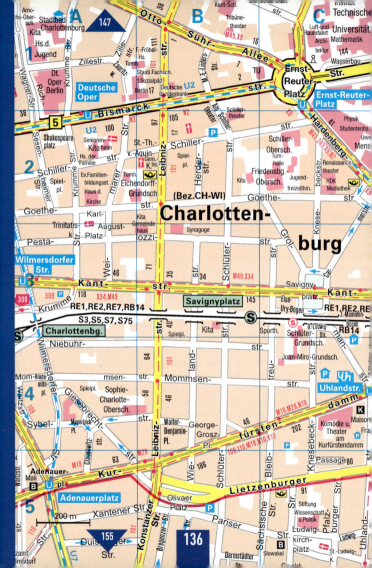

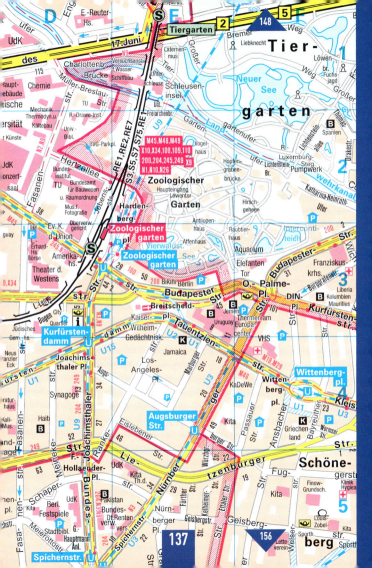

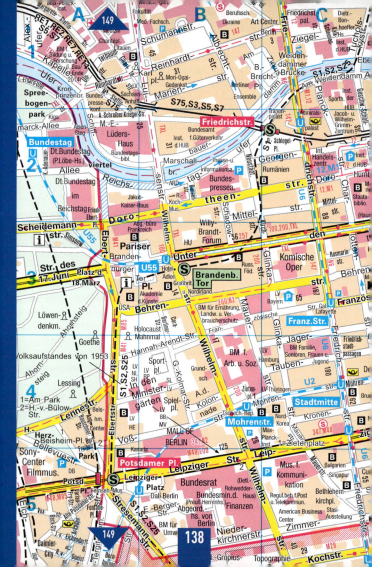

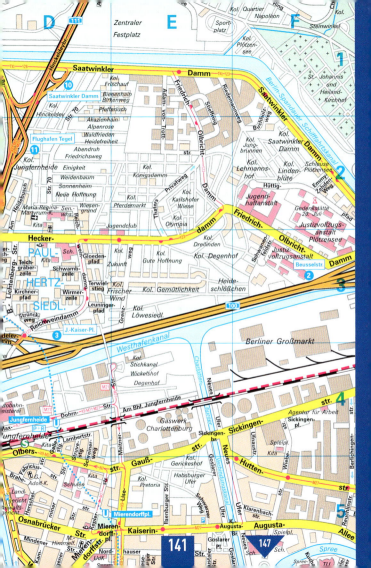

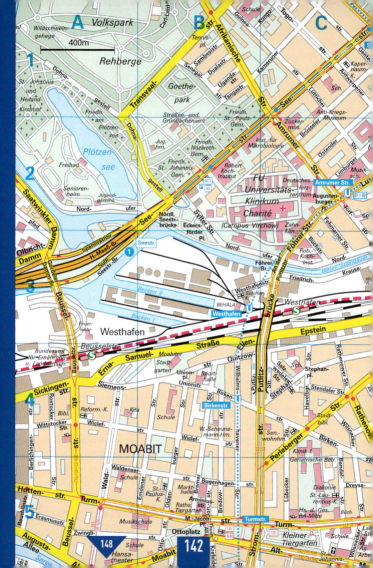

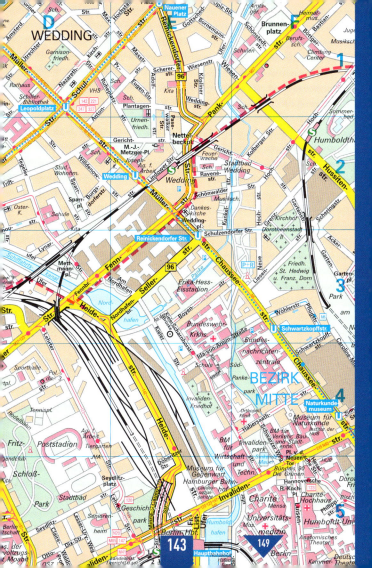

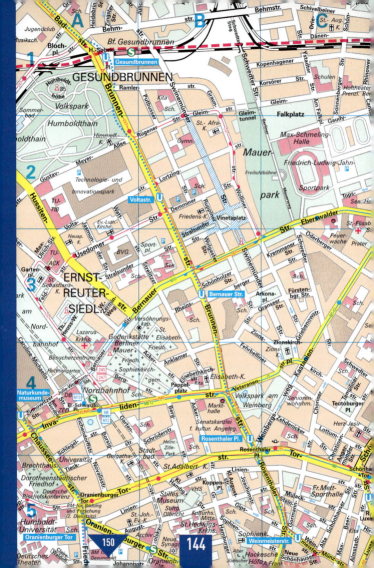

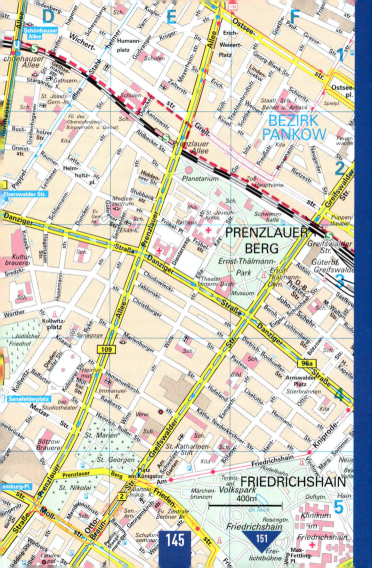

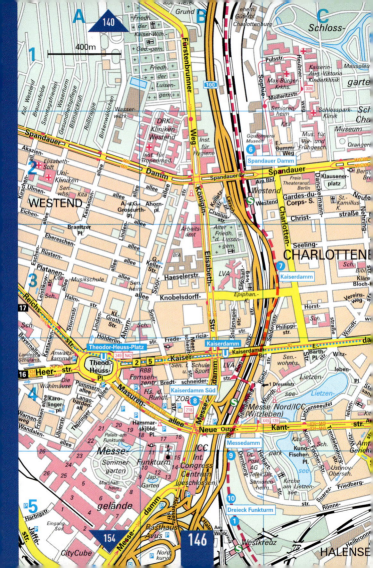

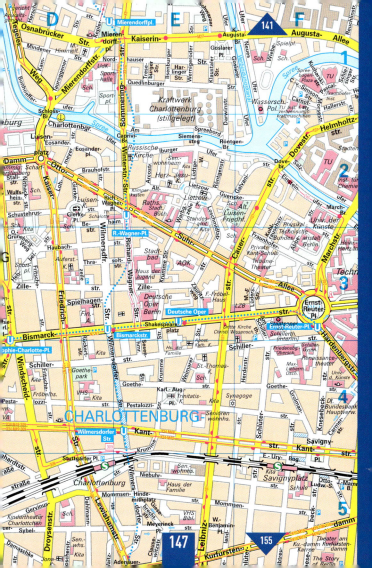

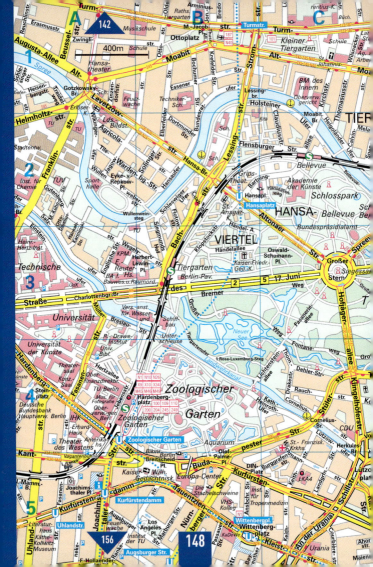

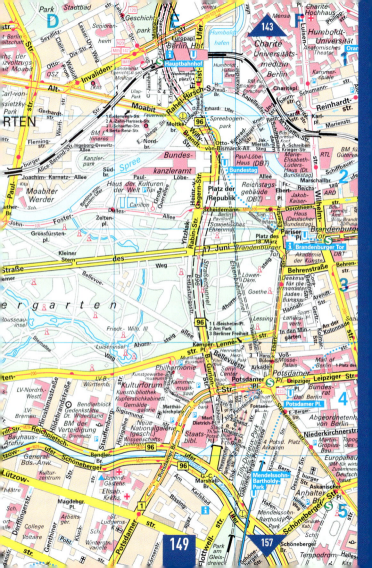

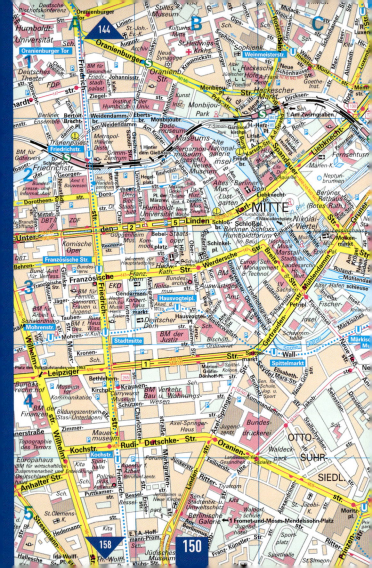

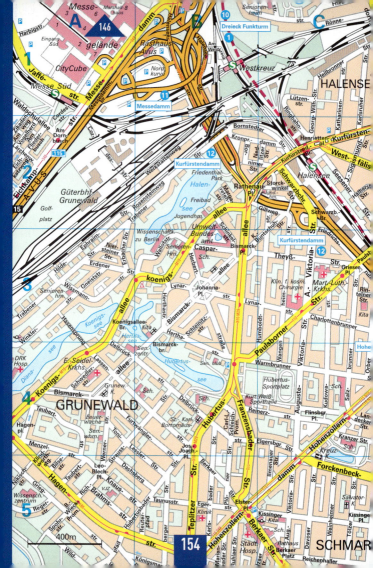

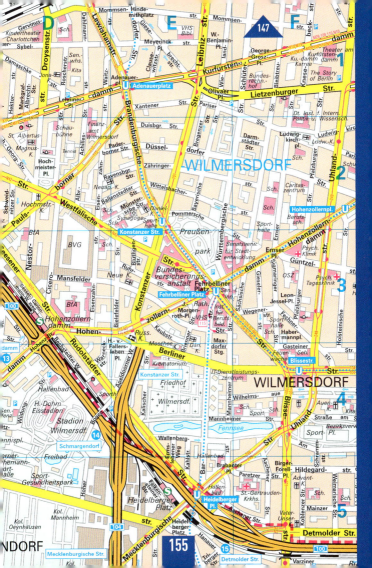

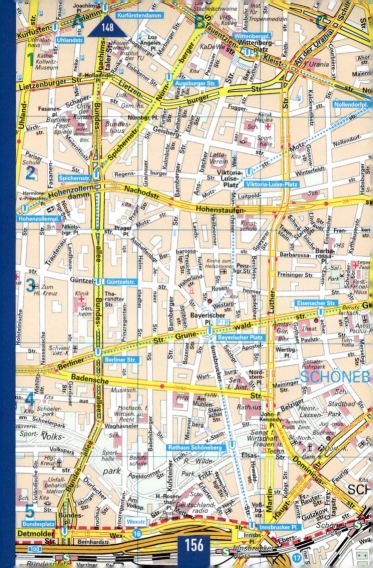

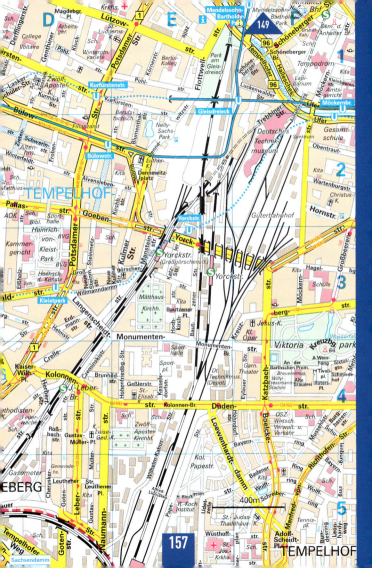

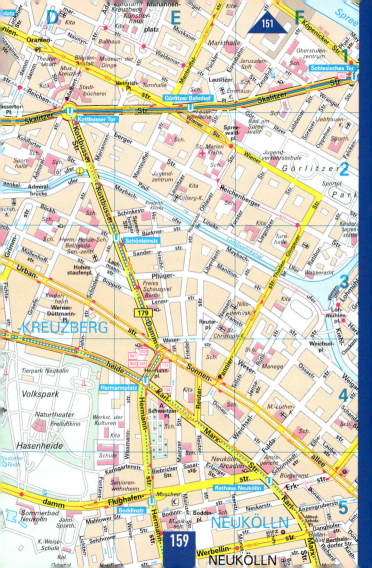

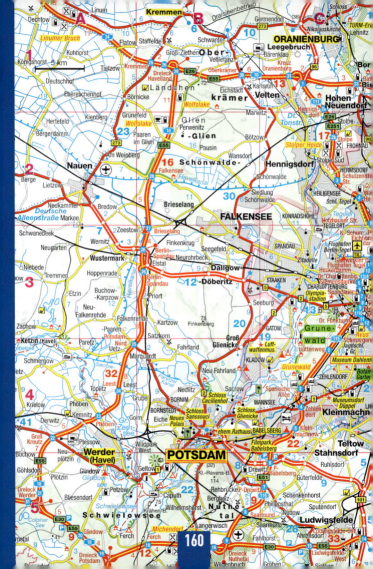

Das Register enthält eine Auswahl der im Cityatlas dargestellten Straßen und Plätze

A
Adalbertstraße 151/D5-159/D1
Adam-von-Trott-Straße 141/E1
Adenauerplatz 136/A5
Admiralstraße 159/D2
Afrikanische Straße 142/B1
Agricolastraße 148/A2
Ahornallee 146/A4
Akazienstraße 156/C3
Albertstraße 156/C4
Albrecht-Achilles-Straße 155/D2
Albrechtstraße 138/B1
Alexanderplatz 139/F1
Alexanderstraße 151/D1
Alexandrinenstraße 150/C5
Almstadtstraße 144/C5
Alte Jakobstraße 139/E5
Alte Schönhauser Straße 144/C5
Alt-Lietzow 147/E2
Alt-Moabit 142/A5
Altonaer Straße 148/B2
Alt-Stralau 152/C4
Alvenslebenstraße 157/D2
Am Friedrichshain 145/E5
Am Heidebusch 141/E2
Am Kupfergraben 138/C1
Am Lustgarten 150/B2
Am Nordhafen 143/E3
Am Oberbaum 152/B3
Am Ostbahnhof 151/E4
Am Postbahnhof 151/F4
Amrumer Straße 142/C2
Am Treptower Park 152/B4
Amtsgerichtsplatz 146/C4
Am Weidendamm 150/A2
Am Zeughaus 139/D2
Am Zirkus 138/B1
An der Spandauer Brücke 139/E1
An der Urania 148/C5
Andreasstraße 151/E3
Anhalter Straße 150/A5
Anna-Louisa-Karsch-Straße 139/E1
Annenstraße 139/F4-150/C4-151/D4
Ansbacher Straße 156/B1
Antwerpener Straße 142/C1
Archenholdstraße 153/E3
Aschaffenburger Straße 156/A3
Augsburger Straße 148/B5
Auguste-Viktoria-Straße 154/C3
Auguststraße 150/A1
AVUS 154/A2
Axel-Springer-Straße 139/E5

B
Babelsberger Straße 156/B4
Bachstraße 148/B3
Badensche Straße 156/A4
Badstraße 144/A1
Baerwaldstraße 158/B3
Bamberger Straße 156/B2
Barbarossastraße 156/B3
Barnimstraße 145/E5
Barstraße 155/E5
Bartningallee 148/B2
Bauhofstraße 139/D2
Bayerischer Platz 156/B3
Bayerische Straße 155/E2
Bayreuther Straße 137/F4
Bebelplatz 138/C3
Behrenstraße 138/A3
Bellevuestraße 149/E4
Belziger Straße 156/C4
Ben-Gurion-Straße 149/E4
Bergmannstraße 158/A3
Berkaer Straße 154/B5
Berliner Straße 155/E4-156/A4
Bernauer Straße 144/A3
Bernhard-Lichtenberg-Straße 141/D3-145/E3
Bertolt-Brecht-Platz 150/A1
Bethaniendamm 151/D5
Bethlehemkirchplatz 150/A4
Beusselstraße 142/A3
Beuthstraße 139/E4
Bielefelder Straße 155/E3
Birkenstraße 142/B4
Bismarckallee 154/A4
Bismarckplatz 154/B3
Bismarckstraße 147/D4
Bleibtreustraße 136/C5
Blissestraße 155/F4
Blücherstraße 158/A2
Bochumer Straße 142/B5
Böcklerstraße 158/C2
Boelckestraße 157/F4
Bouchéstraße 152/A5
Boxhagener Straße 152/B1
Brachvogelstraße 158/B2
Brahestraße 141/D5
Brandenburgische Straße 155/E1
Brauhofstraße 147/E2
Breite Straße 150/C3
Breitscheidplatz 137/E3
Brückenstraße 151/D4
Brüderstraße 139/E3-150/C3
Brüsseler Straße 142/C2
Brunnenstraße 144/A1
Buchberger Straße 153/D2

Buchholzweg 141/F2
Budapester Straße 137/E3
Bülowstraße 157/D1
Bundesallee 156/A1
Burggrafenstraße 148/C5
Burgstraße 139/E1

C
Calvinstraße 148/C2
Carl-Herz-Ufer 158/B2
Carmerstraße 136/C3
Caroline-Herschel-Platz 152/C2
Caspar-Theyß-Straße 154/B3
Cauerstraße 147/F3
Charlottenbrunner Straße 154/C3
Charlottenburger Brücke 137/D1
Charlottenburger Ufer 147/D2
Charlottenstraße 138/C2-150/A2
Chausseestraße 143/E3
Chodowieckistraße 145/E3
Christburger Straße 145/E3
Christstraße 146/C2
Cicerostraße 155/D3
Colbestraße 152/C2
Columbiadamm 158/A4
Cora-Berliner-Straße 149/F3
Corinthstraße 152/B3
Crellestraße 157/D2
Cunostraße 154/C5-155/D4

D
Damaschkestraße 155/D1
Danckelmannstraße 146/C2
Danziger Straße 145/D2
Dennewitzplatz 157/E2
Dennewitzstraße 157/E2
Derfflingerstraße 149/D5
Detmolder Straße 155/F5
Dircksenstraße 139/E1
Dohnagestell 142/A1
Dominicusstraße 156/C5
Donaustraße 159/E4
Dorotheenstraße 138/A2-150/A2
Dovestraße 147/F2
Dresdener Straße 150/C4-151/D4
Dreysestraße 142/C5
Droysenstraße 155/D1
Dudenstraße 157/E4
Düsseldorfer Straße 155/E2

E
Ebersstraße 156/C5
Ebertstraße 138/A4
Eggersdorfer Straße 153/F3
Eichkampstraße 154/A2
Einbecker Straße 153/E2

> www.marcopolo.de/berlin

STRASSENREGISTER

Eisenacher Straße 156/C3
Eisenzahnstraße 155/D2
Elberfelder Straße 148/B2
Ellen-Epstein-Straße 142/B4
Else-Lasker-Schüler-Straße 157/D1
Elsenstraße 152/B4
Emmy-Zehden-Weg 141/F2
Emser Platz 155/F3
Emser Straße 155/F3
Engeldamm 151/D5
Eosanderplatz 147/D2
Eosanderstraße 147/D2
Erkelenzdamm 159/D2
Erkstraße 159/F5
Erna-Berger-Straße 149/F4
Erna-Samuel-Straße 142/A4
Ernst-Reuter-Platz 136/C1
Essener Straße 148/B1

F

Fanningerstraße 153/E1
Fasanenplatz 136/C5
Fasanenstraße 148/A4–156/A2
Fehrbelliner Platz 155/E3
Fehrbelliner Straße 144/B4
Fennstraße 143/D3
Feurigstraße 156/C5
Fichtestraße 159/D3
Fidicinstraße 158/A4
Finowstraße 159/F5
Fischerinsel 139/F3
Flemingstraße 149/D2
Flensburger Straße 148/B2
Flottwellstraße 157/E1
Flughafenstraße 159/D5
Föhrer Straße 142/C3
Fontanepromenade 158/C3
Forckenbeckstraße 154/C5
Frankfurter Allee 152/B1
Franklinstraße 148/A2
Franzensbader Straße 154/B4
Franz-Klühs-Straße 150/A5
Französische Straße 138/C3
Fraunhoferstraße 147/F3
Freiligrathstraße 158/C3
Friedbergstraße 146/C5
Friedelstraße 159/E4
Friedenstraße 145/E5
Friedrich-Ebert-Platz 149/F2
Friedrich-List-Ufer 143/E5
Friedrich-Olbricht-Damm 141/E1
Friedrichstraße 138/C3
Friesenstraße 158/B4
Fritschestraße 147/D3
Fritz-Elsas-Straße 156/B5
Fürstenbrunner Weg 140/A5–146/B1
Fuggerstraße 137/F5
Fuldastraße 152/A5–159/F5

G

Gardes-du-Corps-Straße 146/C2
Gaußstraße 141/E5
Geibelstraße 158/C2
Geisbergstraße 137/E5
Geißlerpfad 140/B3
Gendarmenmarkt 138/C4
Genter Straße 142/C1
Genthiner Straße 157/D1
George-Grosz-Platz 136/B4
Georgenstraße 138/B2
Gerichtstraße 143/E2
Gertraudenstraße 139/E4
Gertrud-Kolmar-Straße 138/B4
Gervinusstraße 155/D1
Geschwister-Scholl-Straße 138/C1
Gipsstraße 150/B1
Giselastraße 153/E3
Gitschiner Straße 158/B2
Gleimstraße 144/B2
Glinkastraße 138/C3
Glogauer Straße 152/A4
Gneisenaustraße 158/A3
Goebelstraße 140/A3
Goebenstraße 157/D2
Goethestraße 145/F1–147/E4
Golßener Straße 158/B4
Goltzstraße 156/C3–157/D2
Gormannstraße 144/C5
Gotenstraße 157/D5
Graefestraße 159/D3
Greifswalder Straße 145/E5
Grellstraße 145/E2
Grenzweg 141/E3
Grimmstraße 159/D3
Große Hamburger Straße 144/B5
Große Präsidentenstraße 150/B1
Großer Stern 148/C3
Grünberger Straße 152/B1
Gruner Straße 150/C2
Grunewaldstraße 156/B3
Gryphiusstraße 152/C2
Güntzelstraße 155/F3–156/A3
Guerickestraße 147/E2
Guineastraße 142/B1
Gustav-Freytag-Straße 156/C5
Gutzkowstraße 156/C5

H

Hagenstraße 154/A5
Halemweg 140/C3
Hallesches Ufer 158/A2
Hannah-Arendt-Straße 149/F3
Hansaplatz 148/B3
Hardenbergplatz 137/E2
Hardenbergstraße 136/C2
Harzer Straße 152/A5
Hasenheide 158/C3

Hauptstraße 156/C4
Hausvogteiplatz 139/D4
Heckerdamm 140/A2–141/D3
Hedemannstraße 158/A1
Heerstraße 146/A4
Hegelplatz 150/B2
Heidelberger Platz 155/E5
Heidelberger Straße 152/A5
Heidestraße 143/D3
Heilmannring 140/B3
Heinickeweg 140/B3
Heinrich-Heine-Straße 151/D5
Heinrich-von-Gagern-Straße 149/E2
Helmholtzstraße 148/A2
Helmstedter Straße 155/D2
Helsingforser Platz 152/B2
Herbertstraße 154/B3–157/D4
Hermannplatz 159/E4
Hermannstraße 159/E4
Herschelstraße 141/D5
Herthastraße 154/B3
Hertzallee 137/D2
Hildebrandstraße 149/D4
Hinter dem Zeughaus 150/B2
Hiroshimastraße 149/D4
Hirtenstraße 150/C1
Hochmeisterplatz 155/D2
Hochstraße 143/F2
Hofjägerallee 148/C3
Hohenstaufenstraße 156/B2
Hohenzollerndamm 154/B5
Holsteinische Straße 156/A4
Holteistraße 152/C2
Holtzendorffstraße 146/C4
Holzmarktstraße 151/D3
Hornstraße 157/F2
Horstweg 146/B2
Hubertusallee 154/B4
Hubertusbader Straße 154/A5
Humboldtstraße 154/C4
Hundekehlestraße 154/B5
Hussitenstraße 143/F2
Huttenstraße 141/F5

I

Ilsenburger Straße 141/E5
Innsbrucker Platz 156/B5
Innsbrucker Straße 156/B4
Inselstraße 139/F4
Invalidenstraße 143/E5–144/A4–149/D1

J

Jablonskistraße 145/E3
Jacobystraße 151/D2
Jägerstraße 138/C4–150/A3
Jafféstraße 146/A5
Jagowstraße 148/A2

162 | 163

Jahnstraße 159/D4
Jakob-Kaiser-Platz 140/C3
Jebensstraße 137/D2
Joachim-Friedrich-Straße 154/C2
Joachimsthaler Straße 137/D5
Johannaplatz 154/B3
Johann-Georg-Straße 155/D2
Johannisstraße 144/A5
Johanniterstraße 158/B2
Johann-Sigismund-Straße 154/C2
John-Foster-Dulles-Allee 149/D2
Jüdenstraße 139/F2
Jüterboger Straße 158/B4
Jungfernheideweg 140/A1
Jungstraße 152/C2

K

Kaiserdamm 146/B4
Kaiser-Friedrich-Straße 147/D2
Kaiserin-Augusta-Allee 141/E5
Kaiser-Wilhelm-Platz 157/D4
Kamminer Straße 141/D5
Kantstraße 136/A3-147/E4-148/A5
Karl-Heinrich-Ulrichs-Straße 148/C5
Karl-Liebknecht-Straße 139/E2
Karl-Marx-Allee 151/D2
Karl-Marx-Straße 159/E4
Kaskelstraße 153/D2
Kastanienallee 144/C4
Katzbachstraße 157/F4
Kemperplatz 149/E4
Kiefholzstraße 152/B4
Kiehlufer 159/F3
Kinzigstraße 152/C2
Kirchstraße 148/C1
Klarenbachstraße 141/F5
Klausenerplatz 146/C2
Kleine Präsidentenstraße 150/B1
Kleiststraße 137/F4
Klingelhöferstraße 148/C4
Klopstockstraße 148/B3
Kluckstraße 157/D1
Knaackstraße 145/D3
Knesebeckstraße 136/C5-147/F4
Kniprodestraße 145/F4
Knobelsdorffstraße 146/B3
Kochstraße 150/A4
Königin-Elisabeth-Straße 146/B2
Koenigsallee 154/A4
Köpenicker Chaussee 153/E4
Köpenicker Straße 151/D4-159/F1
Körtestraße 158/C3
Kohlfurter Straße 159/D2
Kollwitzstraße 145/D4
Kolonnenstraße 157/D4
Kommandantenstraße 139/E5-150/B4

Konstanzer Straße 136/B5
Kopenhagener Straße 144/B1
Kopernikusstraße 152/B2
Koppenstraße 151/F2
Kottbusser Damm 159/D2
Kottbusser Straße 159/D2
Krausenstraße 139/D5
Krausnickstraße 150/B1
Krautstraße 151/E3
Krefelder Straße 148/B1
Kreuzstraße 150/B3
Kronenstraße 138/C4
Krumme Straße 136/A1
Kruppstraße 142/C4
Kufsteiner Straße 156/B5
Kulmer Straße 157/E3
Kuno-Fischer-Straße 146/C4
Kurfürstendamm 154/C2-155/F1
Kurfürstenstraße 137/F3-148/B5-157/D1
Kurstraße 150/B3
Kynaststraße 152/C3

L

Landsberger Allee 151/F1
Landshuter Straße 156/B2
Langenscheidtstraße 157/D3
Lange Straße 151/E3
Lassenstraße 154/A4
Lausitzer Straße 159/E2
Leberstraße 157/D5
Legiendamm 150/C5
Lehniner Platz 155/D1
Lehrter Straße 143/D3-149/E1
Leibnizstraße 136/B2
Leipziger Platz 138/A5
Leipziger Straße 149/F4-150/A4
Lennéstraße 138/A4
Leonhardtstraße 146/C4
Lesser-Ury-Weg 149/D1
Lessingstraße 148/B2
Letterhausweg 140/B4
Leuscherdamm 150/C5
Levetzowstraße 148/A1
Lewishamstraße 147/D5
Lichtenberger Straße 151/E1
Liesenstraße 143/D1
Lietzenburger Straße 136/B5-137/E5
Lilienthalstraße 158/C4
Lincolnstraße 153/E3
Lindenallee 146/A3
Lindenstraße 150/B5-158/B3
Lindower Straße 143/E2
Linienstraße 144/B5-145/D5
Lise-Meitner-Straße 141/E5
Lobeckstraße 150/C5
Loewenhardtdamm 157/E4
Lohmeyerstraße 147/D2

Lohmühlenstraße 159/F3
Los-Angeles-Platz 137/E4
Loschmidtstraße 147/E2
Ludwigkirchplatz 136/C5
Ludwigkirchstraße 136/C5
Lübecker Straße 148/C1
Lückstraße 153/E3
Lüneburger Straße 148/C2
Lüttticher Straße 142/C1
Lützowplatz 148/C5
Lützowstraße 157/D1
Lützowufer 148/C4-149/D5
Luisenplatz 147/D2
Luisenstraße 138/B1-143/F5
Luxemburger Straße 142/C1

M

Maaßenstraße 157/D2
Märkisches Ufer 139/F4
Magdeburger Platz 149/D5
Mainzer Straße 155/F5-159/E5
Manfred-von-Richthofen-Straße 157/F5
Mannheimer Straße 155/E4
Mansfelder Straße 155/D3
Manteuffelstraße 151/E5-159/E2
Marburger Straße 137/E4
Marchstraße 147/F3
Marheinekeplatz 158/B3
Mariannenstraße 159/D2
Marie-Curie-Allee 153/E3
Marienburger Straße 145/E3
Marienstraße 138/B1-149/F2
Markgrafendamm 152/C3
Markgrafenstraße 139/D3
Martin-Luther-Straße 156/C1
Masurenallee 146/A4
Matthäikirchplatz 149/E4
Mauerstraße 138/C4
Max-Beer-Straße 144/C5
Max-Dohrn-Straße 141/D4
Maxstraße 143/E1
Maybachufer 159/D2
Mecklenburgische Straße 155/E5
Mehringdamm 158/A4
Melanchthonstraße 148/C2
Memhardstraße 150/C1
Mendelssohnstraße 145/E5
Messedamm 146/B4-154/A1
Metzer Straße 145/D4
Michaelkirchstraße 151/D4
Mierendorffplatz 141/D5
Mierendorffstraße 147/D1
Mindener Straße 141/D5
Mittelstraße 138/B2-150/A2
Mittenwalder Straße 158/B3
Modersohnstraße 152/B3
Möckernstraße 157/F1
Möllendorffstraße 153/D1

> www.marcopolo.de/berlin

STRASSENREGISTER

Mohrenstraße 138/B4
Molkenmarkt 139/F2
Mollstraße 151/D1
Mommsenstraße 136/B4
Monbijouplatz 139/D1
Monbijoustraße 139/D1
Monumentenstraße 157/E3
Moritzplatz 150/C5
Moritzstraße 158/C1
Motzstraße 156/A2
Mühlendamm 139/F3
Mühlenstraße 151/F4
Müller-Breslau-Straße 137/D1
Müllerstraße 143/D1
Münchener Straße 156/B2
Münzstraße 144/C5

N
Nachodstraße 156/A2
Naumannstraße 157/D5
Naunynstraße 151/D5
Nehringstraße 146/C2
Nestorstraße 155/D3
Nettelbeckplatz 143/E2
Neue Bahnhofstraße 152/C2
Neue Christstraße 146/C2
Neue Jakobstraße 139/F4
Neue Kantstraße 146/B4
Neue Krugalee 153/D5
Neue Roßstraße 139/F4
Neue Schönhauser Straße 150/C1
Neues Ufer 141/E4–147/F1
Neue Weberstraße 151/E2
Neufertstraße 146/C2
Neustädtische Kirchstraße 138/B2
Niebuhrstraße 136/A4
Niederkirchnerstraße 138/B5
Niederwallstraße 139/D4
Nikolaus-Groß-Weg 140/B4
Nöldnerstraße 153/D3
Nollendorfplatz 148/C5
Nonnendammallee 140/A3
Nordhauser Straße 147/D1
Normannenstraße 153/D1
Nostitzstraße 158/A3
Nürnberger Straße 137/E5–148/B5

O
Oberbaumstraße 152/A3
Oberwallstraße 139/D2
Oderberger Straße 144/C3
Ohlauer Straße 159/C2
Olbersstraße 141/D4
Oldenburger Straße 148/B1
Olivaer Platz 136/B5
Olof-Palme-Platz 137/F3
Oranienburger Straße 144/B5
Oranienburger Tor 150/A1

Oranienplatz 151/D5
Oranienstraße 150/B4–158/C1
Osnabrücker Straße 141/D5
Ostender Straße 142/C2
Ostseestraße 145/E1
Otto-Braun-Straße 151/D1
Otto-Dix-Straße 143/D5
Ottoplatz 142/B5
Ottostraße 148/B1
Otto-Suhr-Allee 136/B1
Otto-von-Bismarck-Allee 149/E2

P
Pallasstraße 157/D2
Pankstraße 143/E2
Pannierstraße 159/E4
Pappelallee 145/D2
Pappelplatz 144/B4
Pariser Platz 138/A3
Pariser Straße 136/B5
Passauer Straße 156/B1
Paul-Löbe-Allee 149/E2
Paulsborner Straße 154/C4–155/D2
Paulstraße 149/D2
Perleberger Straße 142/C4
Pestalozzistraße 147/D4
Pfalzburger Straße 136/C5
Pfarrstraße 153/D2
Pflügerstraße 159/E3
Planckstraße 138/C1
Platz der Luftbrücke 158/A4
Platz der Märzrevolution 150/B2
Platz der Republik 149/E2
Platz der Vereinten Nationen 151/E1
Platz des 18. März 138/A3
Platz des Volksaufstandes von 1953 (1) 150/A4
Pommersche Straße 156/C1
Potsdamer Platz 138/A5
Potsdamer Straße 157/D3
Prager Straße 156/A2
Prenzlauer Allee 145/D5
Prenzlauer Berg 145/D5
Prinzenstraße 158/C2
Prinzregentenstraße 156/A3
Puschkinallee 152/B4
Putlitzbrücke 142/C4

Q
Quedlinburger Straße 141/E5
Quellweg 140/A3
Quitzowstraße 142/B4

R
Rahel-Hirsch-Straße 149/E2
Rankestraße 137/D5
Rathausstraße 139/E2

Rathenauplatz 154/B2
Rathenower Straße 142/C4
Reichenberger Straße 159/D1
Reichpietschufer 149/D4
Reichsstraße 146/A3
Reichstagufer 138/A2
Reichweindamm 141/D2
Reinhardtstraße 138/A1–149/F1
Reinickendorfer Straße 143/E1
Reuterstraße 159/E4
Revaler Straße 152/B2
Rheinbabenallee 154/B5
Richard-Strauss-Straße 154/A5
Richard-Wagner-Platz 147/D2
Richard-Wagner-Straße 136/A1
Riedemannweg 141/E1
Ritterstraße 150/B5–158/C1
Rochstraße 139/E1
Rönnestraße 154/C1
Rohrdamm 140/A4
Rosa-Luxemburg-Platz 144/C5
Rosa-Luxemburg-Straße 150/C1
Rosenfelder Straße 153/F2
Rosenheimer Straße 156/B3
Rosenstraße 139/E1
Rosenthaler Straße 139/E1–144/B5
Rudi-Dutschke-Straße 138/C5
Rudolstädter Straße 155/D3
Rummelsburger Straße 153/E3
Ruschestraße 153/D1

S
Saarbrücker Straße 145/D4
Saatwinkler Damm 140/A1–141/D1–142/A2
Sachsendamm 156/C5
Sächsische Straße 136/C5
Saldernstraße 146/C4
Salzbrunner Straße 154/C4
Savignyplatz 136/C3
Schadowstraße 138/B2
Schaperstraße 137/D5
Scharnweberstraße 145/F1
Scheidemannstraße 149/E2
Schiffbauerdamm 149/F2
Schillerstraße 136/B2–147/D4
Schillingstraße 151/D3
Schillstraße 156/C1
Schinkelplatz 150/B3
Schleiermacherstraße 158/B3
Schlesische Straße 152/A3
Schloßplatz 139/E3
Schlossstraße 147/D2
Schlüterstraße 136/B3
Schöneberger Straße 149/F5
Schöneberger Ufer 149/E4
Schönhauser Allee 144/C5–145/D2
Schönleinstraße 159/D3

164 | 165

Schönwalder Straße 143/E2
Schreiberhauer Straße 153/D3
Schuckertdamm 140/A2
Schützenstraße 138/C5-150/A4
Schulstraße 143/D1
Schulze-Boysen-Straße 153/D2
Schulzendorfer Straße 143/E3
Schustehrusstraße 147/D2
Schwarzbacher Straße 154/C2
Schwedter Straße 144/B1
Schweiggerweg 140/B3
Schwiebusser Straße 158/A4
Sebastianstraße 139/F4
Seelingstraße 146/C3
Seesener Straße 154/C2-155/D3
Seestraße 142/B2
Segitzdamm 158/C2
Sellerstraße 143/E3
Sewanstraße 153/E3
Seydelstraße 139/E4
Seydlitzstraße 143/D5
Shakespeareplatz 136/A2
Sickingenstraße 141/E4
Siemensdamm 140/A3
Siemensstraße 142/A4
Sigmaringer Straße 155/F3
Simplonstraße 152/B2
Singerstraße 151/D2
Skalitzer Straße 159/D1
Sömmeringstraße 147/E2
Solinger Straße 148/B2
Sonnenallee 159/E4
Soorstraße 146/B3
Sophie-Charlotten-Straße 146/B1
Sophienstraße 144/B5
Spandauer Damm 146/A2
Spandauer Straße 139/E1-150/C2
Spenerstraße 148/C2
Spichernstraße 137/E5
Spittelmarkt 139/E4
Spreeweg 148/C3
Sprengelstraße 142/C2
Sredzkistraße 145/D3
Stahlheimer Straße 145/D1
Stallschreiberstraße 139/F5
Stauffenbergstraße 149/D4
Steinplatz 148/A4
Steinstraße 150/C1
Stephanstraße 142/C4
Storkower Straße 145/F3
Stralauer Allee 152/B3
Stralauer Straße 139/F3
Straßburger Straße 145/D5
Straße 70 141/D2
Straße der Pariser Kommune 152/A2
Straße des 17. Juni 148/A3-149/D3
Stresemannstraße 149/F4-158/A1

Stromstraße 142/B5
Stülerstraße 148/C4
Stuttgarter Platz 147/D5
Suarezstraße 146/C4
Südstern 158/C3
Sybelstraße 155/D1
Sylter Straße 142/B2

T
Taubenstraße 138/C4-150/A3
Tauentzienstraße 148/B5
Tauroggener Straße 147/D1
Tegeler Straße 143/D2
Tegeler Weg 140/C4
Tempelherrenstraße 158/B2
Tempelhofer Ufer 157/F1
Tempelhofer Weg 157/D5
Teplitzer Straße 154/B5
Thaters Privatweg 141/E2
Theodor-Heuss-Platz 146/A4
Thielenbrücke 159/F3
Thomasiusstraße 148/C2
Thüringer Allee 146/A4
Tiergartenstraße 148/C4
Tiergartenufer 148/B3
Toepler Straße 140/B3
Togostraße 142/C1
Torfstraße 142/C2-143/D3
Torgauer Straße 158/C5
Torstraße 144/A5
Trabener Straße 154/A2
Transvaalstraße 142/A3
Trautenaustraße 156/A3
Trendelenburgstraße 146/C4
Triftstraße 143/D2
Tucholskystraße 138/C1
Türrschmidtstraße 153/D3
Turmstraße 142/A5

U
Ufnaustraße 141/F4
Uhlandstraße 136/C4-155/F4-156/A1
Universitätsstraße 138/C2
Unter den Linden 138/B3
Urbanstraße 158/B2-159/D3
Usedomer Straße 144/A3

V
Veteranenstraße 144/B4
Viktoria-Luise-Platz 156/B2
Volkradstraße 153/F3
Von-der-Heydt-Straße 148/C4
Voßstraße 138/A4

W
Waldemarstraße 151/D5-159/E1
Waldstraße 148/A1
Wallstraße 139/E4-150/C4

Wangenheimstraße 154/C4
Warmbrunner Straße 154/B4
Warschauer Straße 152/B3
Wartburgstraße 156/B4
Wasserstraße 158/C1
Waterloo Ufer 158/A2
Weichselstraße 152/C2
Weichselstraße [Neuk] 152/A5
Weidenweg [Frdh] 152/A1
Weigandufer 152/A5
Weimarer Straße 136/A3
Weinbergsweg 144/B4
Weinmeisterstraße 144/C5
Weitlingstraße 153/E3
Werbellinstraße 159/E5
Werderscher Markt 139/D3
Werdersche Straße 138/C3
Wernerwerkdamm 140/A3
Westfälische Straße 154/C2-155/D2
Wexstraße 156/A5
Weydemeyerstraße 151/D2
Weydingerstraße 145/D5
Wichertstraße 145/D1
Wiebestraße 141/F5-147/F1
Wielandstraße 136/B5-147/E5
Wiener Straße 151/F2
Wiesenstraße 143/E1
Wildenbruchstraße 152/B5
Wilhelm-Guddorf-Straße 153/D2
Wilhelmshavener Straße 142/B4
Wilhelmstraße 138/B4
Willy-Brandt-Straße 149/E2
Wilmersdorfer Straße 147/D2
Wilmsstraße 158/C2
Windscheidstraße 147/D4
Winterfeldtstraße 156/C2-157/D2
Wintersteinstraße 147/E2
Wismarplatz 152/B5
Wittelsbacherstraße 155/E2
Wittenbergplatz 148/B5
Wönnichstraße 153/E3
Wörther Straße 145/D3
Württembergische Straße 155/E3
Wundtstraße 146/C3

X
Xantener Straße 136/A5

Y
Yitzhak-Rabin-Straße 149/E3
Yorckstraße 157/E3-158/A3

Z
Ziegelstraße 138/C1-150/A1
Zillestraße 136/A1
Zimmerstraße 138/C5-150/A4
Zossener Straße 158/B3
Züllichauer Straße 158/B4

> www.marcopolo.de/berlin

REGISTER

Im Register finden Sie alle in diesem Reiseführer beschriebenen Sehenswürdigkeiten, Museen, Unterkünfte, Gaststätten, Einrichtungen und Ausflugsziele sowie die Namen wichtiger Personen. Halbfette Seitenzahlen verweisen auf den Haupteintrag.

2A-HOSTEL 103
Ä 94
Abenteuer 120
Abenteuerspielplätze **121**, 123
Abgeordnetenhaus 59
Action 120
Aedes Arc 19
Alcatraz 104
Alliiertenmuseum 19
All in Hostel 104
Alte Kantine 88
Alte Nationalgalerie 25
Alternative Berlin 44
Alternativer Pub Crawl 97
Altes Museum 25
Ampelmannrestaurant 60
Anfahrt 7
Anna Koschke 94
A&O Hostel Friedrichshain 104
Apartment Fire Suite 101
Apartments 101
Apartments am Brandenburger Tor 101
Archenhold Sternwarte 37
Ariane 82
Arkonaplatz 72
Artist Riverside Hotel 113
August Fengler 94
Auktionshäuser 74
Aussichten 40
B5 Designer-Outlet 82
Backpacker Berlin 105
Baden **47**, 122, 128
Badeschiff 48
Bahn 14
Bahnhöfe 10

Baiz 94
Ballhaus Ost 28
Bars 85
Baselitz, Georg 20
Bassy Cowboy Club 89
BAT-Studiotheater 29
Baxpax Kreuzberg 105
Beach Mitte 48
Beachvolleyball 48
Beauty 41
Becon Berlin 75
Berliner Campingclub 102
Berliner Märchentage 50
Berliner Mauer **27**, 46
Berlin-Scheckheft 55
Billigtickets 23
Bill, Max 20
Blackdoorbeauty 71
Blain, Harry 20
Blain/Southern 20
Bocuse, Paul 69
Bodemuseum 25
Bofinger, Helge 26
Bonbonmacherei 129
Bornholmer Hütte 95
Borofsky, Jonathan 50
Böse Buben Bar 52
Botanischer Garten 16
Boxhagener Platz 72
BR101 85
Brandenburger Tor 16
Brandenburg, Marc 20
Brandt, Willy 20
Braunbär 130
Bristol Hotel Kempinski Berlin 118
Bundestag 24, **37**, 40
Burgermeister 56
Burgert, Jonas 20
Bus 14
Busbahnhof 11

Cabuwazi 121
Café Niesen 122
Café Rossia 60
Cafés 52
Calypso 79
Camera Work 20
Camping 102
Campingplatz Kuhle Wampe 102
Casino Berliner Ensemble 58
Charlottchen 124
Cinema Café 53
Circus Café 53
Circus Hostel 106
City-Apart 102
City-Jogging 48
Citystay-Hostel 106
Clärchens Ballhaus 89
Classiccard 24
Clubs 88
Colours Berlin 80
Colvin, Douglas 26
Come Backpackers 106
Contemporary Fine Arts 20
Couchsurfing 105
Cramer, Michael 46
Cum Laude 61
Cummings, John 26
Curry 36 56
Daimler Kunstsammlung 21
Das Gift 95
DDR-Alltagskultur 25
de Maria, Walter 21
Dealzeit 55
Decathlon 81
Defne 62
Der Kegel 49
Designer-Depot 82
Designer-Outlets 82
Deutsche Oper 126

Deutscher Dom 21
Deutsches Technikmuseum 125
Deutsch-Russisches Museum 22
Die Fabrik 113
Die Nische 123
Dinea Restaurant 62
Dornröschen 129
Downstairs 33
Duncker 89
Eastseven 106
Ernst-Ludwig-Jahn-Sportstadion 48
Eschenbräu 95
Evelin Brandt 75
Events 50
Fabriktheater 32
Fabrikverkauf 75
Facil 68
Fahrrad 15
Fernsehturm 16
Fest der Deutschen Einheit 50
Festival of Lights 50
Festivals 50
Fête de la musique 50
Fetting, Rainer 26
FEZ 123
Filmcafé 33
Filmrauschpalast 33
Fincan 95
Fire Bar 85
Fischers Fritz 68
Fischfabrik 56
Fixie-Bike 49
Fleischerei Domke 62
Fleischerei Naesert 62
Flohmarkt am Mauerpark 72
Flohmärkte 72
Flughäfen 11
Französischer Dom 40

ABC

Frauen und Kinder zuerst 129
Freitag-Shop 49
Frei.wild 29
Freizeitpark Tegel 122
Friedrich, Caspar David 25
Fumanschuh 77
Galerie Eigen + Art 22
Galerien 19
Galerienviertel 90
Galeries Lafayettes 68
Gambrinus 63
Gärten der Welt 42
Gedächtniskirche 34
Gedenkstätten 27
Gemäldegalerie 22
Gendarmenmarkt 16
Generator 107
Glockenturm 58
Goldesel 96
Gourmetrestaurants 68
Grand Hostel Berlin 107
Greens 58
Grieshaber, HAP 22
Grünanlagen 42
Grunewald 42, 124
Hairtie 41
Hallentrödelmarkt Treptow 72
Hanns-Eisler-Musikhochschule 35
Haus der Sinne 30
Haus der Wannseekonferenz 28
Heart of Gold Hostel 107
Hekticket 29
Hellersdorf 25
Herbergen 103
Hertha-Training 38
Hilly's 29
Hohenschönhausen 27
Holocaust-Mahnmal 28
Hörspiel 126
Hostels 103
Hotel Britzer Tor 115
Hotel de France 115

Hotel Palace Berlin 118
Hotels 113
Hühnerhaus 36 56
Humana am Frankfurter Tor 81
Huynh, Jean-Baptiste 20
Hyman, Jeffrey 26
Imbiss 56
Internet 15
Intimes 96
James, Russel 20
Jatzbar 86
Jogging-Strecken 49
Joseph Roth Diele 63
Jüdisches Museum 17
Jugendfarm im Mauerpark 122
Jugendgästehaus Mitte 108
Jugendherberge am Wannsee 108
Jugendmuseum Schöneberg 125
Jünemanns Pantoffeleck 77
KaDeWe 41, **69**
Kaffee Burger 89
Kantine Kreuzberg 58
Kantinen 58
Karaoke 39
Karibuni 115
Karlshorst 22
Karneval der Kulturen 50
Kastanie 96
Kempf, Michael 68
Kinderbad Monbijou 122
Kinderstadtführer 126
Kinderzirkus-Projekt 121
Kinos 33
Kladow 44
Kleeberg, Kolja 69
Kleinkunst 28
Klettern 49
Klunkerkranich 86

Kneipen 94
Kolle 37 121
Konrad Tönz 90
Konzerte 34
Koons, Jeff 20
KPM Werksverkauf 76
Kreuzberg 40
Kugelbahn 91
KuK Kantine 59
Kulissenführung Deutsche Oper 126
Kulturfabrik Moabit 33
Kulturpaket 24
Kunstforum Berliner Volksbank 24
Kunstraum im Deutschen Bundestag 24
Kunstraum Kreuzberg/Bethanien 25
La Bond – Berlin 74
Labyrinth Kindermuseum 126
Lachen im Park 41
Laika 30
La Pausa 125
Last-Minute-Ticketverkauf 29
Lavanderia Vecchia 63
Lindbergh, Peter 20
Lohse, Christian 68
Louis 63
Lumpenprinzessin 130
L.u.x 91
Luxa 56
Luxus International 71
Luxus-Secondhand 83
Made in Berlin 81
Madonna 82
Major Grubert 96
Mal so Mal so 53
Mandelmond 64
Manngo 64
Marc Cain Second Season 76
Märchenbrunnen 44
Märchenhütte 127
Marc O'Polo 76

Märkisches Museum **25**, 127
Markthalle Marheinekeplatz 57
Mauerpark 39, 72
Mauerstreifzüge 46
Mauerweg 46
Meese, Jonathan 20
Meilenstein 54
Meininger 116
Mensa Nord 59
Mensen 58
Mercan 64
Möbel Olfe 97
Mode 74
Modulor 71
Monarch 91
Morgenbrot 54
Moritz Bar 87
Motel One 116
Müggelsee 124, **128**
Müggelseepension 116
Museen 19
Museen für Kinder 120
Museum der unerhörten Dinge 25
Museum Schöneberg-Tempelhof 47
Museumsinsel 25
Museumspass 20
Museumswohnung 26
Musical-Arrangements 113
Musikinstrumentenmuseum 121
Mustafas Gemüse-Kebap 57
Nachtflohmarkt 73
Nah und Gut 83
Nahverkehr 14
Natur 42
Naturpark Schöneberger Südgelände 43
NBI 91
Neuberliner Radtouren 46
Neues Museum 25

> www.marcopolo.de/berlin

REGISTER

Neukölln Arcaden 85
Neuköllner Oper 30
New Berlin Gratistour 47
Newton, Helmut 20
Noble, Tim 20
Nord Sud 64
Nova 97
Ökoinsel 123
Olympiapark 58
Open-Air-Kino 33
Ostel 109
Outdoor 47
Outlet 75
Parkeisenbahn 124
Park Inn Hotel 40
Parks 42
Peccato 75
Pechstein, Max 50
Pension 11. Himmel 116
Pensionen 113
Pension Knesebeck 117
Pergamonmuseum 25
Pfefferbett 109
Philharmonie 35
Picknick 65
Plattenbau 25
Pong-Club 89
Pony Hütchen 81
Prime Time Theater 30
Privatzimmer 101
Pullman Berlin Schweizerhof 119
Pusteblume 131
Rabattkarten 11
Radtouren 46
Raffael 22
Ramones Museum 26
Raststätte Gnadenbrot 65
Rauch, Neo 22
Raumfahrer 87
Regenbogenhostel 110
Regierungsviertel 17
Reichstag 38
Reichstagskuppel 40
Rennradeln 49

Repke Spätzlerei 65
Restaurants 60
Rheims, Bettina 20
Riccardo Cartillone Outlet 79
Richter, Daniel 20
Riemenschneider, Tilman 25
Ringbahn 6
Ringo 87
Rixpack Hostel 110
Rock'n'Roll Herberge 117
Rogacki 65
Rosenthaler 58
Rubens, Peter Paul 22
SA-Gefängnis Papestraße 47
Schadow-Haus 23
Scheinbar Varieté 31
Schifffahrt 44
Schlafmeile 111
Schlemmer, Oskar 20
Schloss Charlottenburg 17
Schloss Sanssouci 17
Schmittz 98
Schmuck's Restauration 59
Schokoladen 92
Schokoladenkaufhaus 131
Schraders 99
Schuhe 77
Schuhkontor 79
Schwarze Pumpe 99
Schwerbelastungskörper 47
Science Center 127
Secondhand 79
Segelschule Hering 49
Shiseido 20
Singer 109 111
Skatehalle 39
Sloppy Joe's Bar 87
Sofitel Kurfürstendamm 118
Solar 41

Sommerladen 83
Sony Center 17
Sophienhof Berlin 111
Southern, Graham 20
Spaghetti Western 66
Sport 47
Sportgeschäft 81
Spreepaddeln 49
Stadtbad Mitte 50
Stadtmagazine 90
Stadtrundfahrt 46
Stadttouren 44
Steiff in Berlin 131
Steinecke 125
Steps 117
Sterne-Restaurants 68
Sternwarte 37
Stille Helden 27
Strandbad Wannsee 51
Strandbar 85
Streichelzoo 123
Supamolli 92
Syogra 42
Systemfehler 77
Taverna Apollon 66
Taxi 15
Tegeler See 47
Tempelhofer Feld 39
Tempelhoftouren 47
Theater 28
Theater am Schlachthof 31
Theaterkantine 60
Theater unterm Dach 32
Theater verlängertes Wohnzimmer 33
The Odyssee Hostel 108
The Ritz Carlton 119
The Sunflower Hostel 112
Three Little Pigs 112
Tier 99
Tiergarten 43
Tizian 22
Tönz, Konrad 91
Touristinformationen 12

Tram 14
Trippen Outlet 76
Trödelmarkt am 17. Juni 74
Tübke, Werner 22
TU-Hochhaus 54
Ugo Torrini 79
Umsonstladen 77
Universität der Künste 35
Unterkunftsportale 110
Urban Gardening 43
van Eyck, Jan 22
Vau 69
Vermeer, Jan 22
Vernissagen 90
Versteigerungen 74
Volksbühne 60
Volkspark Friedrichshain **44**, 48
Vries, Auke de 20
Waldspielplätze 124
Wannsee 44, **51**
Warhol, Andy 20
Wasserspielplatz 122
Wasserwerk Friedrichshagen 128
Webster, Sue 20
Weine & Geflügel 88
Weinerei 54
Wellness 41
Who killed Bambi? 75
Willy-Brandt-Haus 27
Winter, Georg 21
Wirtshaus Hasenheide 66
Wohnzimmer 55
Wombats 112
W. Prassnik 99
Wuhlheide 124
Yuma Bar 88
Zalando 76
Zatopek 88
Zimt & Zucker 55
Z-inema 34
Zweites Fenster 83

168 | 169

IMPRESSUM

SCHREIBEN SIE UNS!

> **Liebe Leserin, lieber Leser,**

wir setzen alles daran, Ihnen möglichst aktuelle Informationen mit auf die Reise zu geben. Dennoch schleichen sich manchmal Fehler ein – trotz gründlicher Recherche unserer Autorin. Sie haben sicherlich Verständnis, dass der Verlag dafür keine Haftung übernehmen kann.

Wir freuen uns aber, wenn Sie uns schreiben.

Senden Sie Ihre Post an die
MARCO POLO Redaktion
MAIRDUMONT, Postfach 31 51
73751 Ostfildern
info@marcopolo.de

IMPRESSUM

Titelbild (von li. nach re.): Getty/B. Sporrer, Getty/J. Stumpe, Denis Pernath, Stockfood/Peer Wörmann
Fotos: DerKlopp (S. 1, 8, 13, 21, 23, 34, 35, 38, 47, 57, 61, 67, 73, 78, 86, 93, 98, 109, 114, 170);
Welf Helm (S. 51); nextbike (S. 14); Bernd Schönberger (S. 128); René Staebler (S. 123).

4., aktualisierte Auflage 2015
© MAIRDUMONT GmbH & Co. KG, Ostfildern
Chefredaktion: Marion Zorn
Projektmanagement: Ann-Katrin Kutzner
Lektorat und Satz: Lucia Rojas, derschönstesatz, Köln
Autorin: Christine Berger
Bildredaktion: Gabriele Forst
Kartografie Cityatlas: © MAIRDUMONT, Ostfildern
Gestaltung Cover: fpm factor product münchen
Innengestaltung: Katharina Kracker
Das Werk einschließlich aller seiner Teile ist urheberrechtlich geschützt. Jede urheberrechtsrelevante Verwertung ist ohne Zustimmung des Verlages unzulässig und strafbar. Das gilt insbesondere für Vervielfältigungen, Übersetzungen, Nachahmungen, Mikroverfilmungen und die Einspeicherung und Verarbeitung in elektronischen Systemen.
Printed in China.

Bild: Der Fernsehturm am Alexanderplatz

48 h

> Spaß haben und jede Menge sparen! Wir haben Ihnen zwei erlebnisreiche Tage aus dem Band zusammen- und vergleichbaren, „normalen" Aktivitäten gegenübergestellt

SA Kaufen Sie sich am besten eine Tageskarte für Bus und Bahn und steuern Sie zunächst die Gedenkstätte Berliner Mauer *(S. 27)* an mit original erhaltenen Grenzanlagen mit Wachturm und Minengürtel. Auf zum Alexanderplatz! Von der Panoramaterrasse des Park Inn Hotels *(S. 40)* gegenüber vom viel teureren Fernsehturm haben Sie eine prima Sicht auf die Stadtmitte. Hunger? In Willy's Bistro *(S. 26)* können Sie gut und günstig Mittag essen. Danach sorgt ein Besuch in einer der hochkarätigen Foto- und Kunstausstellungen im Willy-Brandt-Haus für Kulturgenuss. Zum Abendessen bietet sich eine Brotzeit in der Böse Buben Bar an *(S. 52)*. Gute Unterhaltung bietet danach das Prime Time Theater im Wedding mit der beliebten Soap „Gutes Wedding, schlechtes Wedding". Hier bleibt kein Auge trocken, und wer gerne lacht, ist bestens versorgt. Abschließend kommen Sie bei der Russendisko im Kaffee Burger *(S. 90)* noch mal in Fahrt. Im Morgengrauen schlummern Sie dann gut im Circus Hostel *(S. 106)* ein.

SO Nach einem Frühstücksbüfett im Katz & Maus *(S. 53)* zum Sparerpreis ist es Zeit für Natur, also raus zum Erholungspark Marzahn. Von der Innenstadt fahren Sie am besten mit der Straßenbahn M 8 (Tageskarte!) durch die endlos erscheinenden Häuserschluchten von Marzahn, Europas größtem Plattenbauviertel. Im Grünen angekommen staunen Sie über die exotischen Gärten der Welt *(S. 42)* mit Chinesischem Teehaus, japanischen Gartenanlagen und balinesischer Exotik. Weiter geht es zum Kulturprogramm nach Hellersdorf, zur Museumswohnung *(S. 25)* im Plattenbau. Dort können Sie eine typische DDR-Wohnung mit originalen Möbeln besichtigen. Vor dem Heimweg noch eine Stärkung? Mit der U 5 sind sie schnell in Friedrichshain und lassen sich in der Fleischerei Domke eine Blutwurst schmecken *(S. 62)*.

LOW BUDGET WEEKEND

LOW BUDGET		REGULÄR	
SA			
Nahverkehr Tageskarte AB	6,90€	5 BVG-Einzelfahrten	13,50€
Gedenkstätte Berliner Mauer	🐷	Checkpoint-Charlie-Museum	12,50€
Panoramaterrasse im Park Inn Hotel	3,00€	Fernsehturm	13,00€
Lunch in Willy`s Bistro (3 Gänge)	8,00€	Lunch im regulären Restaurant (3 Gänge)	15,00€
Ausstellung Willy-Brandt-Haus	🐷	Ausstellung Staatliches Museum	10,00€
Abendessen in der Böse Buben Bar	8,00€	Abendessen im regulären Restaurant	15,00€
Show im Prime Time Theater	17,00€	Show im Quatsch Comedy Club	25,00€
Russendisko im Kaffee Burger	5,00€	Eintritt in reguläre Disko	12,00€
Übernachten im DZ im Circus Hostel p. P.	30,00€	Übernachten im DZ in regulärem Hotel (ohne Frühstück) p. P.	50,00€
SO			
Frühstücksbüfett im Katz & Maus	5,00€	Frühstücksbüfett in regulärem Hotel	15,00€
Nahverkehr Tageskarte AB	6,90€	4 BVG-Einzelfahrten	10,80€
Gärten der Welt	5,00€	DDR-Museum (Nähe Museumsinsel)	9,00€
Museumswohnung Hellersdorf	🐷	Zoologischer Garten	13,00€
Hausmannskost in der Fleischerei Domke	3,80€	Hausmannskost im regulären Restaurant	12,00€
GESAMT	**98,60€**	**GESAMT**	**223,80€**

> GESPART   125,20€

48 h

> Zwei Tage im Luxus schwelgen und dabei ordentlich sparen: mit 48h Luxus Low Budget im Vergleich zu den regulären Preisen von Highclass Hotels und Co.

SA Buchen Sie ein Show-Arrangement, z. B. „The Wyld" im Friedrichstadtpalast mit Übernachtung im noblen Grand Hyatt Hotel *(S. 113)*, und genießen Sie nach der Ankunft einen Bummel über den Potsdamer Platz. Wie wäre es anschließend mit einem leckeren Hummeressen im KaDeWe *(S. 69)*? Staunen Sie, was Deutschlands größtes Kaufhaus bereithält. Vielleicht finden Sie das eine oder andere Schnäppchen. Wenn nicht, halten Sie einfach ein Taxi an, fahren mit dem Kurzstreckentarif *(S. 15)* Richtung Westen, und steigen Sie an der Bleibtreustraße aus. In der Nähe gibt es mit Ariane, Madonna *(S. 82)* und Zweites Fenster *(S. 83)* gleich drei Secondhandboutiquen mit Markenmode von Boss, Jil Sander und Co für vergleichsweise wenig Geld. Entspannen Sie sich anschließend im Spa Ihres Hotels. Langsam wird es Zeit für den Showbesuch, der in ihrem Hotelpreis bereits enthalten ist. Zu Fuß sind Sie in ca.

30 Minuten beim Show-Theater, wo Sie bunte Paradiesvögel und intergalaktische Wesen mit ihrer atemberaubenden Vorstellung bestens bei Laune halten.

SO Nach dem Frühstück im Hotel, das im Preis enthalten ist, gehen Sie zu Fuß zum Brandenburger Tor. Dort beginnt um 11 Uhr die New Berlin Gratistour *(S. 47)*, eine Stadtführung vorbei am Potsdamer Platz, Unter den Linden und Gendarmenmarkt, für die Sie hinterher nur bezahlen müssen, was es Ihnen wert war. Stärken Sie sich danach am Gendarmenmarkt mit einem Lunch im Fischers Fritz *(S. 68)*, Berlins bestem Restaurant mit zwei Michelinsternen. Wie wäre es am späteren Nachmittag mit einem Konzert in der Hanns-Eisler-Musikhochschule *(S. 35)*? Hier geben Musikstudenten auf hohem Niveau kostenlos ihr Bestes. Ihre Koffer sind noch im Hotel? Der Bus 200 bringt Sie zügig wieder zurück.

LOW BUDGET
LUXUS WEEKEND

	LOW BUDGET	REGULÄR
SA		
Grand-Hyatt-Show-Arrangement p. P.	165,00€	Übernachtung im Grand Hyatt p. P. ... 125,00€
Hummer im KaDeWe	27,00€	Hummer im Gourmetrestaurant ... 45,00€
Spezieller Kurzstreckentarif Taxi	4,50€	Taxi regulär. ... 7,00€
Kauf eines Designermantels im Edel-Secondhandshop	150,00€	Kauf eines neuen Designermantels. ... 400,00€
Show im Friedrichsstadtpalast	🐷	Show im Friedrichsstadtpalast ... 65,00€
SO		
Frühstück im Grand Hyatt (im Hotel-Arrangement enthalten)..	🐷	Frühstück im Grand Hyatt ... 20,00€
Nahverkehr Tageskarte AB	6,90€	3 BVG-Einzeltickets ... 8,10€
Stadtführung New Berlin Gratistour	10,00€	Reguläre Stadtführung ... 17,00€
2-Gänge-Lunch im Gourmetrestaurant Fischers Fritz	35,00€	2-Gänge-Lunch in regulärem Gourmetrestaurant ... 45,00 €
Konzert Hanns-Eisler-Musikhochschule	🐷	Konzerthaus Berlin ... 35,00€
GESAMT	**398,40€**	**GESAMT** **772,10€**

> GESPART   373,70€